安岡正篤
Masahiro Yasuoka

学問は人間を変える

活学講座

致知出版社

まえがき

昭和二十六年関西地区道縁の方々からの強い要請もあり、東西先哲の学に参じて自己啓発を深めることを目的として、大阪で「先哲講座」が開講された。昭和四十年には百回を迎え、世話人の一人であった伊與田覺氏が中心となって記念出版が企画され第一巻『活学——人になるために』が関西師友協会から出版された。その後、年を追って二度続刊され最終的にそれぞれ大部な三巻として刊行されている。

本書は致知出版社の藤尾秀昭社長が『活学』三部作を読まれ、是非安岡活学を江湖に広めたいと大部な中から十編を選んで刊行されたものである。

振りかえってみると昭和二十六年秋には、父の公職追放も解除され東京でも時を同じくして『照心講座』が開講されている。当時は終戦直後の混乱期から経済的復興期に移ってゆく一方で精神的には病める現象を呈しており、父は時々の局面にあって時代を超えて示唆する先哲の名言や心に響く言葉をとりあげて人間いかに生くべきかの活学普及活動に席の温まる暇もなかった。

それはさておき、本書第九章に「古今の大臣」と題して、中国明時代の賢人呂新吾の名著『呻吟語《しんぎんご》』をとりあげて「大臣に六等級あり」をつぎのように紹介しているが、現今の政界に照らし合わせて読むとまことに興味深いものがある。

第一、寛厚深沈《かんこうしんちん》、遠識兼照《えんしきけんしょう》、福を無形に造し、禍を未然に消し、智名勇功無くして、天下陰に其の賜を受く。

第二、剛明《ごうめい》・事に任じ、慷慨敢《こうがいあえ》て言ひ、国を愛すること家の如く、時を憂ふること病の如くにして、太《はなは》だ鋒芒《ほうぼう》を露《あらわ》すことを免れず。得失相半す。

第三、安静・時を逐《お》ひ、動《やや》もすれば故事に循《したが》うて、利も興す能《あた》はず、害も除く能はず。

第四、禄《ろく》を持し、望を養ひ、身を保ち、寵《ちょう》を固め、国家の安危も略懐《ほぼこころ》に介せず。

第五、功を貪《むさぼ》り、衅《きん》（ちぬる、あらそひ）を啓《ひら》き、寵を怙《たの》み、威を張り、是に愎《もど》り、情に任せ、国政を撓《とう》乱す。

第六、奸険《かんけん》・凶淫《きょういん》・煽虐《せんぎゃく》・肆毒《しどく》・善類《ぜんるい》を賊傷《ぞくしょう》し、君心を蠱惑《こわく》し、国家の命脈を断じ、四海の人望を失ふ。

父は解説で「第一等の大臣はしばらく措《お》いて、少くとも第二等くらいの人物が、大臣・エリートでなければ、今日の日本の運命は甚だ心もとないのであります」と痛論をしている。

父が描く政治家像は一言でいえば、仁・義を兼ね備えた人物、つまり事にあたるにどのような抵抗や障害があっても、一念不動の胆識のある人物でなければならないとしている。

耳の痛い政治家もおられるだろうが、現今の政界をみていると真実このような人物の出現が待たれてならない。

最後に本書は、安岡活学の本質をとらえた内容であり、今後とも私たちの大きな指針となる論講がとりあげられており、是非座右の書として味読していただきたい。

平成二十二年八月

財団法人郷学研修所・安岡正篤記念館
理事長　安岡　正泰

活学講座——目次

装　幀――川上成夫
編集協力――柏木孝之

学問は人間を変える

第百回を迎えて私の希望する事

今夏、先哲講座第九十九回が近江小川村の藤樹書院に於《おい》て開催されまして、敬慕する藤樹先生の人と為《な》りや学問のお話を致したのでありますが、今まで殆《ほとん》ど無心で参っておった私は、その時に初めて、第九十九回になったかと感じた次第であります。そしてこの秋には第百回を記念して、いろいろと計画をしておるということを聞かされましたので、なるべく控え目に、自然に、余り仰々しくしない様にとくれぐれも注意をしておきました。

ところが先づ驚かされましたのは、講義録を出すということで、大へんな校正刷を持ち込まれたことであります。

そもそも講義録などというものは、私から申せば、と言っても実は先哲の言葉の中にあるのでありますが、ご馳走を食べた後の滓《かす》の様なものでありまして、私の楽しんだ滓を他人に与えるなどということは甚《はなは》だ面白くありません。幸いにしてそれを楽しんで読んで下さる人がある、ということは本当に有難い事でありますけれども、本人としては忸怩《じくじ》たることであります。

私は何事によらず仰々しいことが嫌いな性分でございまして、従って記念大会などと称していろいろ計画されておるということを聞きますと、いささか面映《おもは》ゆくて出る気がしない。本当は祝電でも打って、ご免を蒙《こうむ》りたいところでありますが、然《しか》しそれでは第百回になりません。

道元禅師を引合いに出しては甚だ恐縮至極のことでありますけれども、ご承知の様に禅師は、宋から帰られるとすぐ深草の興聖寺にはいられて、世の新帰朝の僧侶の様にはなばなしい活動や討論をされずに、専《もっぱ》ら思索・修行に励まれた。そうして初めて説法の座に上られた時に、「山僧今日事已《や》むを得ずして枉《ま》げて人情に従ってこの座に上る云云」とおっしゃっておられますが、道元禅師ではありませんが、私もやはり出るのが人情に従うというものと考えまして、今日参った次第であります。

まあ、そういうことはさて措《お》いて、第百回を迎えてつくづく考えますことは、私も気が向き、身体が利きましたならば、今後三百回でも一千回でもやりますけれども、しかし、もうぼつぼつこの聴講者の中から、特に青年諸君の中から、この座に登って、先哲の人物や学を講ずるというような先哲講座もやって貰いたいと心から念ずるのであります。

そして私が聞き手にまわって、——自分は余り出来なくとも、他人を評するのは誰しもなかなか辛辣《しんらつ》でありまして、況《いわん》や私に於《おい》ておやでありますー一つこれを謹聴し、批評もする、遠慮なく峻烈《しゅんれつ》にやっても宜《よろ》しうございます。

どうか青年学生諸君など、私をして後世畏《こうせいおそ》るべしとお辞宜《じぎ》をさせるような講座をどんどん開いて頂きたい、とこの機会に衷心《ちゅうしん》より希望致すことでございます。

人間は人間の本質を変えねば救われない

さて、これはこの講座でも幾度か述べました様に、私は中学は四条畷《なわて》に学んだのでありますが、当時の私は太平記や日本外史というようなものを殊《こと》に愛読致しまして、暇がありますと、河内・大和・紀州等の各地の史蹟を歩きました。そしてしばしば少年の心に感じましたことは、どうしてこういう偉い人々がこの様に非命に斃《たお》れたり、或《あるい》はどうして人間というものはこの様に争って悲劇を繰り返すのかということでありました。

そして大正五年に四條畷中学を出て、第一高等学校にはいったのでありますが、丁度、その時第一次世界大戦が始まっておりました。これは世を挙げて左様でございましたが、私も私なりに非常な衝撃を受けました。そのうちに世界史を学ぶにつけても、改めて感じさせられる事は、どうして人類がこんなに戦さをするのかということでありました。

それからだんだん発心《ほっしん》致しまして、何とか人間の繰り返し繰り返してやまない興亡・栄枯・盛衰の歴史、真実を究めたいという衝動にかられて、とうとうそれが病みつきでその研究に没頭して、今日に及んでしまったわけであります。

そのうちに第一次大戦が終りますと、ヨーロッパその他から戦後のあらゆる頽廃《たいはい》的、或は破壊的思想や運動が怒濤《どとう》のようにわが国にも押寄せて参りまして、私も身を以てそれを体験致しました。その日本の国事の変遷の中に身を投じて、いろいろ内外政治の機密にも触れ、参画も致しました。時には外国へも出向いて、東洋問題の専門家や当局者に直接接触し、議論も致しました。

そうして沁々《しみじみ》感じたと言いますか、考えました結論の一つは、人間というものは手段的なものや理論的なものでは結局どうにもならぬ、人間は人間の性質を変えるより外に救われる方法がないということです。

これは私が到達した結論ばかりではなく、そう気がついて勉強しておりますと、古今東西の尊敬すべき偉大な哲人や学者達が、もう枚挙にいとまなく同じことを教えてくれておるのであります。

例えばこの間亡くなりました、世紀の偉人等と称せられておりますアルベルト・シュワイツァーや、或はガブリエル・マルセルという様な人、又共産主義に愛想をつかして次第に哲学・神学にはいって往《い》って、世界的にその名を馳《は》せたベルジャーエフであるとか、アメリカのみならず世界の社会学会の指導者であるソローキンであるとか、こういう人々はその辺の本屋をのぞかれたらすぐ目につく現代の学者・評論家の代表的な人々でありますが、これらの人々の著作を丹念に読まれたならば、結局人間は人間の性質を変えるより外に、卑近な言葉で言いますと、根性をたたき直さぬ限り救われない、ということを説いておることがよくわかるのであります。

私はここ数カ月、回を重ねて『師と友』に「尽己《じんこ》の学」というものを載せて参りました。尽己とは詳しく申しますと、自反尽己ということであります。自分が自分に反って、自分の中に潜在しておるものを十分発揮する。先哲の学問も本質的には自反尽己という言葉に尽きるのであります。われわれは自分を棚に上げて置いて、他人のことや世間のことを兎や角言ってみたところでどうにもならん。

で、話ばかりでも忘れがちでありますから、それらの人々の文章の一節を引いて説明することに致しましょう。

究竟目的

自然科学の中で最も自然科学らしい医学を研究してゐて、EXACT な学問といふことを生命にしてゐるのに、何となく心の飢を感じてくる。生といふものを考へる。自分のしてゐることがその生の内容を充たすにたるかどうかと思ふ。

妄想――鷗外

これは森鷗外の文章の一節であります。鷗外と言っても、もう今の若い人には漱石や露伴と同じ様に古典になっているそうでありますから、余り読んでおらぬかも知れません、いや、知らぬ人が多いかも知れませんが、われわれの青年時代には本当に生々とした交渉がありました。

申すまでもなく鷗外は元来医学者でありますが、その医学者が、EXACT（精確）な学問ということを生命としているのに、何となく心の飢《うえ》を感じて来る、生というものを考えると言う。ここが大事なことでありまして、生というものを感じないような学問は、要するに本当の自反尽己の学問ではないということであります。これで初めて鷗外という人が、真面目で、真実の自己に生きた人であったということがわかるのであります。

次にジョン・スチュアート・ミルの述懐、告白の言葉を読むことに致します。申す迄もなくミルは、イギリスの知識階級の家庭の典型的なジェンツルマン教育を受けた人で、本当に知識人・文化人の優等生の見本の様な人であります。これを一読すれば、私が感動を受けたことを説明しなくとも、皆さんの胸にも響く筈《はず》であります。

一九二六年の秋J・S・ミルは一種の倦怠と憂愁とに憑《つ》かれた（二十一歳）。彼は十五歳から人生の目的ともいふべき一つの目標を追求し始め、世界改造者を志し、全能力をあげてこの問題の研究に注いだのであるが、ここに至って一日彼はふと自問した――人生に於けるあらゆる汝の目的が実現されたと仮定せよ。汝の期待している社会機構並に輿論上のあらゆる改善が今この場で完全に実現されたものと仮定せよ。果して然らば汝にとってこれは大なる喜びであり幸福であるか。すると抑えきれない自意識が明瞭な声で答えた――否。

J・S・ミル

一九二六年の秋というのでありますから、ミルが二十一歳の時であります。世界改造者を志して全能力をあげてこの問題の研究に注いだとありますが、彼の改造思想・革命思想というものは、丁度私共の学生時代に一世を風靡《ふうび》したものでありまして、それだけにこのことが身に沁《し》みてよくわかるのであります。

その彼が一日ふと自問した、「人生に於けるあらゆる汝の目的が実現されたと仮定せよ。……果して然らば汝にとってこれは大なる喜びであり幸福であるか」と。すると抑えきれない自意識の答えが「否」ということであった。ここに彼の真実な人間であったことがよくわかるのであります。

今日もこの現代の改造問題・革命問題に狂奔《きょうほん》しておる人々が随分おります。それらの人々は大演説をやり、大論文を書いて、盛んに社会の改造や革命を論じておる。われわれも亦《また》そういう声に耳を傾け、そういう論文・論説に目を曝《さら》して来た。然し果して人間がそれによって救われるのかと言うと、最初に申しました様に「否」であります。そういうもので救われるなどと考えるのは極めて浅薄な思想であり、極めて未熟な人間であると言わなければならない。

主義なるもの

我々の主義なるものは恐らく我々の欠陥に対する一種知らず識らずの弁護に他ならないであろう。我々の眼から自分の未練を持つ罪業（our favourite sin）を隠《いん》蔽《ぺい》することを目的とする大見栄に他ならないであろう。

アミエル

これは美しいスイスの自然に相応しい詩人であり、哲学者であったアミエルの日記の一節であります。favourite とは好感を持つということで、人は罪業と言いながら、その罪に多分に愛着《あいちゃく》・未練を持っておると言う。実に鋭い、身に沁みると言うか、骨にひびくと言うか、痛切な観察であり批評であります。

私は学生時代から随分いろいろな主義者・理論家に会いました。しかし会って親しくなってみると、大抵失望を感じる。それはその人と、言うところの思想・言論とが一致していないからであります。あの人間のどこを押したら、ああいう音が出るのかと、お話にならぬ矛盾が多い。

これは理論でも政策でも同じことでありまして、なかなか人間というもの、世の中というものは複雑で、簡単に律する事の出来ないものであります。殊に虚偽・扮《ふん》飾・偽装というものが多過ぎる。

その意味に於ては右も左も似た様なものであります。最も熱烈なマルクス・レーニン主義でもそうであります。組合会議に出ておる間は熱烈な共産主義者であるが、会議が散じて自分達だけの雑談になると、みんな虫の好い自由主義者になってしまう。そしてこの連中が家に帰ると、話にならぬ封建的暴君に変ずる、とまあ、これは組合運動の闘士達がしばしばお互いに語り合っていることであります。世間の人間というものは兎角《とかく》そういうものであります。

然しこれでよいのでしょうか。そういう人間によって唱えられる○○イズムだとか、イデオロギーだとか、いうものに一体どれだけの価値があるか。仮りにこの人々が政権を取って、その唱道する処の政策を実施して、それで人間・社会が救われるのか。スチュアート・ミルではないが、答えは言うまでもなく「否」であります。

この頃の日本の国会の有様をご覧になればよくわかります。さすがに新聞でも、所謂《いわゆる》車夫馬丁《しゃふばてい》も恥づるようなという批評をしておりましたが、ああいう人々によって如何なる政策が打ち立てられ、如何なる約束がなされようとも、それでわれわれは救われると考える人間はおらぬだろうと思う。人間は人間を変えるより外にどうにもなるものではない。

本物の学問は人間を変える

然らば人間は人間を変える事が出来るのか。これをよくし得るものが本当の学というものであります。

勿論《もちろん》この学問は、学問と同時に、真理は実践と一致すべきであるから、求道・修行と離るべからざるものであります。単なる知識としての学問では駄目である。教育も単なる知識・技術の教育は本当の教育ではない。そういうものは所謂レーゼ・マイスター（Lese meister）でありまして、レーベ・マイスター（Lebe meister）ではない。


【解説】人間には、本質的要素としての徳性と附属的要素としての知性、知能・技能とがある。いわゆるレーゼ・マイスターは知識・読書の師にすぎず、徳性の師ではない。大切なのは、人間そのものを変える学問を教えるレーベ・マイスターである。

われわれのレーベン、人間そのものを変える学問をすれば、人間は確かに変わる、変えられる。

これをやるより外にわれわれを救い、世の中を救い、人間を救うことは出来ない、という結論・確証にこれらの先哲達が一生かかって到達したのであります。鈍物は鈍物なりに私などもそういう経験をした一人であります。

従って先哲講座というものは、単なる知識や手段の学を講ずるところではなくて、すでに実証されておる先哲の人間・人格・行跡を通じて、人間を変えることの出来る学問をすることであります。

人間の本質は徳性に在る

われわれ人間を解剖致しますと、これもこの講座で幾度か触れたことでありますが、一種の本質的要素と二種の附属的要素に分けることが出来る。本質的要素は人間の徳性というものであり、附属的要素とは知性・知能、及び技能というもの。それからもう一つ大事な要素は習慣というものであります。

人間は知能や技能の働きによってこういう立派な文明・文化を創り上げて来たことは言うまでもない。しかしこういう知能・技能によって得た知識や技術を持っておるからと言って、それでその人物が偉いと言えるかどうか。これは考えれば直《す》ぐわかることであります。つまりそういうものは人間の本質的要素ではないからであります。

これがなければ人間は人間でない、というものが本質であって、結局それは徳性というものである。人が人を愛するとか、報いるとか、助けるとか、廉潔《れんけつ》であるとか、勤勉であるとか、いうような徳があって初めて人間である。又その徳性というものがあって、初めて知能も技能も生きるのであります。

若《も》しこの徳性に欠陥があったならば、折角の知識・技術も人間を害する危険なものになってしまうかも知れない。原子力というものを開発した科学・技術は本当に偉いものであります。しかしこれを間違った精神で用いたならば大変なことになる。人間は心掛けによって正反対なことになるのです。

福と偪

その意味で東洋の文字学は、福という字を考えて作っております。福という字の旁《つくり》=畐は、人間が努力して収穫した物の積み重ね、即ち蓄積を表わす形象文字であって、その蓄積の神の前に供えることの出来るものが福であります。

自分の心掛けによって神の前に差出す事の出来る蓄積、これが本当のしあわせでありいます。自分の努力や心掛けによらずに偶然に得たものは、如何《いか》に都合の好いものであっても、それは幸であって、福ではない。

この畐が神の前の福ではなくて、人の前の畐、即ち偪になったらどうなるか。偪という字もやはりふくとか、ひつ、ひょくという音がありまして、第一はせまるという意味であります。自分の持っておる財産だとか、地位だとか、或は名誉だとかいうような蓄積で、どうだ俺は偉いだろう、貴様はなんだ、というわけで人にせまることです。

更に倒れる、ひっくり返るという意味に使う。人間・柄にもない地位や財産などを持つと、威張って、そして自らひっくり返る。示偏と人偏とではこれだけ違うのであります。

良い習慣を積む

要するに人間に大事なものは、その心掛・心境・真実というものです。即ち人間の本質は徳・徳性というものにあるという事です。従って学問の本義というものも、自反尽己、その人間そのもの、徳・徳性を養う、錬磨するということにあるのであります。

然しそれには平生に於て良い習慣をつけるという事が大事でありまして、刹那《せつな》的では、どんな能力・才能も確かな効果を挙げることは出来ません。俗に言う年季を入れなければ、到底立派なものにはなりません。

百姓でも商売でも、十年、二十年と久しくなればなる程価値が出て来る。『論語』

にも「久しうして人之を敬す」、と言って久敬ということを礼讃しておりますが、人間は久しうしなければいけない、良い習慣を積まなければならない。

この徳性・良習というものを忘れて、主義とかイデオロギーを振り廻わしたところで何にもならない。その主義・イデオロギーというものが人間の徳となり、そのものをつくって行って、美しい言葉となり、動作となるようにならなければ、アミエルの言う通りの主義やイデオロギーになってしまう。どうかすると自己の欠陥をごまかす手段に過ぎなくなる。

為学の要

このことは王陽明が実に適切に論じております。即ち、

天下の事・万変《ばんぺん》と雖《いえど》も、吾が之に応ずる所以は喜怒哀楽の四者を出でず。此れ為《い》学《がく》の要にして、政《まつりごと》を為すも亦其の中に在り。

王陽明

この通りであります。よく人は学問とか修行とかいう事を間違って、喜怒哀楽をしなくなることだと誤解するが、決してそうではない。それでは学問・修行というものは非人間的なものになってしまう。学問を為す要は、いかに喜び、いかに怒り、いかに哀しみ、いかに楽しむかというところにある。

この陽明の言葉を別の言葉で言ったのが、よくこの講座で朗誦する荀子の「自警」の言葉であります。

荀子

それ学は通の為にあらざるなり。窮して困《くる》しまず、憂へて意《こころ》衰《おとろ》えざるが為なり。禍福終始を知って惑わざるが為なり。

通とは通達するということです。学問というものは決して出世や生活のための手段ではない。窮して悲鳴をあげたり、心配事のために直《す》ぐぺしゃんこになるようでは学とは言えない。何が禍であり何が福であるか、如何に始まり如何に終るか、ということを知って惑わざるが為である。

こういう徳性・良習の本質的学問をやって、知能をそれによって錬磨してゆくならば、どんなにでも人間は人間を変えることが出来る。人間を変えることが出来るならば、政治を変え、世界を変えることも決して出来ないことではない。これは具体的に古今にいくらでも例証することの出来る問題であります。

大塩中斎と気質変化

例えば、この大阪の土地に関係の深い大塩中斎がそうであります。中斎は自分の学問・求道に五つの原則を掲げておりますが、その中の一つに、気質を変化するということがある。持って生まれた自分の性質・根性を変える、つまり学問によって人間を変えるということでありますが、それを一つの眼目にしておる。

これは中斎の心酔した明末の哲人であり、陽明学者であり、模範的な役人であった、呂新吾という人の『呻吟語《しんぎんご》』という勝《すぐ》れた語録の中に出て来る言葉でありまして、呂新吾の学問の一つの眼目になっておる。

中斎はこの言葉に文字通り心酔致しまして、佐藤一斎に宛てた手紙の中に、「自分はこれを読んで、長い間苦しんでおった病気に針を刺した如く、胸のつかえがすっと取れたようになった」と、それを読んだ時の感想を書いております。

この気質を変化することが出来なかったならば、改造だの革命だのというものは止めた方がよい。

人間そのものを変えない革命は悲劇に終わる

今日も依然として革命論というものが大へん流行しておりますが、これは戦前と戦後とでは大分違う。戦前は理想的に考えて、革命というものは好いものだ、とこれを謳歌する傾向が強かったのでありますが、戦後、科学的研究の発展が歴史の上にも応用される様になり、いろいろの文献が発掘され、吟味されるにつれて、革命というものは決して理想的なものではない、ということがだんだんわかって参りました。

革命には革命に伴ないろいろの罪悪・残虐があって、革命以前よりももっと悪い革命が随分ある。

ベルジャーエフなども、革命というものは、根本的に人間そのものを変えるのでなければ、いつまで経っても新しい世界はやって来ない。深刻な憎悪や復讐心に燃えてやるような革命であったならば、結果はいつでも悲劇である、と堂々と論じておるのでありますが、これは苫小牧や三池の争議を見ればよくわかることであります。

最後に「政治と教学」という一節を読むことに致します。

藁科松伯《わらしなしょうはく》と細井平洲《ほそいへいしゅう》

米澤藩の名醫《めいい》藁科松伯と細井平洲。松伯・平洲（甚三郎・德民《とくみん》）を上杉重定に薦め、鷹山《ようざん》（治憲《はるのり》）の師たらしむ。神保蘭室《じんぼらんしつ》と平洲。蘭室死に臨んで（三十三歳）平洲に赴任を懇《こん》囑《しょく》す。三十三歳在人間。煉藥論文意未閑。莫咲栖栖生疾苦。白雲乘去出塵寰。（三十三歳、人間《じんかん》に在り。煉藥《れんやく》論文、意未《こころいま》だ閑《かん》ならず。咲《わら》う莫《なか》れ、栖栖《せいせい》として疾苦《しっく》に生《い》くるを。白雲に乗じ去《さ》りて塵寰を出《い》づ。／神保蘭室が三十三歳で逝去した際の辞世の詩。大意は「三十三年間、この世に生きて来たが、医療と学問に忙しく心に余裕もなかった。ただ忙しく苦労して生きていたことを笑わないでほしい。今は白雲に乗って、この世俗の人間界を去っていこうとしているのだから。」）

ついこの間、愛知県師友協会の第九回記念大会がございました時に、平洲は尾張出身の人ですから、「細井平洲とその師友群像」というお話を致したのでありますすが、実は細井という苗字は南河内の細井郷が元でありまして、平洲の先祖が二十代ほど前に尾張に移って、細井姓を名乗ったというわけです。

そこで私も同じ河内の出身ということもあり、殊に私にとっては大きな影響を蒙《こうむ》った偉大な師というべき人でありますので、少々その片鱗をご紹介したいと思うのであります。


この細井平洲を上杉藩に結びつけたのが藁科松伯《わらしなしょうはく》という人であります。松伯は米沢藩の名医であると共に、文字通り国手《こくしゅ》（注・国の病を治す名手）でありました。この人、いつも玄関の下駄は脱ぎとばしてあったという。それは余りにも患者が多くて忙しく、為に静かに上がり下がりして揃える暇がなかったからであります。

兎に角患者が殺到して、六人の弟子が一所懸命薬を作っても間に合わない。然も急を要する重病患者があると、どんな貧乏小屋でも飛び出して行って診察してやったという。だから患者の中には松伯の肖像画を描かせて、これを祀《まつ》って拝んでおる人が随分あったということであります。

この松伯が同時に上杉重定公の侍医をしておった関係で、平洲を発見すると、藩公や家老に薦め、又平洲をして米沢に赴く決意をさせたわけであります。

或る時松伯が江戸の両国橋の畔《ほとり》を通りかかると、辻講釈をしておる人がおる。足を止めて耳を傾けておるうちに、すっかりその辻講釈家の人物・見識、又その講釈振りに感動してしまった。それが細井平洲であったわけであります。貧乏して辻講釈をしておったとみえます。

その頃平洲は自分達夫婦にお父さんと、親友夫婦とその子供、それにもう一人、妻を失って長崎から上京して来た親友を入れて、貧乏長屋に合宿しておった。隣り近所の人は他人の集まりとは全然気がつかず、お父さんの甚十郎に「あなたはなんという幸福なお方じゃ。立派な三人の息子さんと親孝行な二人のお嫁さん、それに可愛いお孫さんを持って、あんなに仲良く暮らされるのだから……」と言って羨《うらや》んだということであります。

この二人の親友も共に学者でありまして、一人は小河仲栗《おがわちゆうりつ》、今一人は飛鳥子静《あすかしせい》と言うのでありますが、私はこのことを知った時に、人間は学問をして自分を修めたならば、ここまでゆくものか、としたたか感動したことを今もおぼえておる。それから実は細井平洲の研究に或る時期没頭したのであります。

細井平洲とその師友

その平洲を松伯が文字通り力薦して、米沢藩に迎えようとしたのであります。疲弊し尽して破滅に瀕しておる藩を救うには、生やさしい手段だの理屈だのというものでは到底間に合わん。先づその局に当られる嗣君《しくん》が、――この時には藩主重定が隠居して、鷹山公治憲《ようざんこうはるのり》が後を嗣《つ》ぐことに決まっていた――君徳を養われることである。又これを補佐するところの家老や家臣達がその心掛けをつくることが肝腎である。それには良き師がなければならん。その師たる者は平洲以外にはない、ということで力薦したわけであります。

と同時に彼が最も望みを嘱《しょく》しておりました弟子の神保容助（蘭室《らんしつ》）を平洲のとこ

ろに入門させております。又幸いにして竹俣当綱《たけまたまさつな》などという様な立派な家老がおりましたので、そういう人達を説いて廻わって、やはり江戸の藩邸に於て入門させておる。そしてとうとう平洲を嗣君鷹山公の師に迎えることを実現させたのでありま す。

又、平洲の感化をこれ程までに米沢藩に及ぼさしめた今一人の人物は、弟子の神保蘭室です。天・蘭室に幸いせず、わずか三十三歳で亡くなりましたが、藩邸で倒れたということを聞いて平洲が駈《か》けつけました時に、「不幸自分は病を得たが、幸いにして助かりましたならば、あなたを米沢でお迎え致したい。米沢は貧乏で辺鄙《へんぴ》なところですが、あなたがお出で下さって、嗣君や家臣をよく教導して下さったならば、これより米沢は変わりましょう。今、丁度その機運が来たのです。不幸にして私に命がなければ、その時は私は泉下《せんか》（注・あの世）で先生を拝します」、こう言って泣いて米沢行きを懇請しております。そして不幸にして亡くなった。

平洲は米沢に行って心から墓前に額《ぬか》づいておる。「三十三歳人間《じんかん》に在り」の詩はこの人の臨終の詩でありますが、実は涙なしには読めぬものがあります。

先づ自分を変える学問をすべし

こういう人々の学問・求道の志がどうにもならぬ破滅に瀕しておった米沢藩を立ち直らせ、その後紀州藩にも尾張藩にも大きな影響を与えて、立派な意味での変化をなさしめた。それは昔のことではないか、と言う人がおったら、これ又愚かであります。今日でもたくさん例のあることであります。

学問は人間を変える。人間を変えるような学問でなければ学問ではない。その人間とは他人のことではなくて自分のことである。他人を変えようと思ったならば、先づ自分を変えることである。これが私の第百回に当っての心からなる、しかしながら甚だ意を尽しませぬお話でございます。

（昭和四十年十一月二十七日　先哲講座第百回記念大会）

道理について

すべて存在するものにはみな理がある

一体道というとどういうことであろうか。これは一生学んでも、一生語っても尽きざる問題であるが、まあ、普通道ということに対して誰も口にするものは、理というものである。合わせて道理と言うが、道とか、理とかいうものは一言にして言うと、これがあることによって物が存在し、活動が出来、生きてゆくことが出来る、そういう物事の存在、生活の本質的なものを言うわけであります。従ってすべて存在するものにはみな理がある。理がなければ存在出来ない。すべて生きとし生けるものにはみな理がある。理がなければ生きられない。

だから一口に理というけれども、理にもいろいろあるわけです。

例えば、物が存在し、それによって動いておる、或は生きておる、その本質的なものは物の理、即ち物理である。と同じ様に心には心の本質的な理がある、心理というものがある。

又これによって生というものが存在し、活動しておるという場合には生理。われわれは生きておる以上生理というものがあって、それに従わなければならない。生理を知り、これに従う程生が健やかに伸びるわけです。


この様に理にもいろいろの理がある。存在するもの、生活するもの、行動するものが無限にあるとすれば、理も亦無限である。

しかしこういう場合の理は、天から与えられておる、自然から賦与《ふよ》されておるところのものであって、われわれはこれを知性・知能というものによって解するのである。これを理解と言う。

理はわれわれの知と離れない。そこで理を知るにも知によって千差万別に分かれてくる。浅い解釈もあれば深い解釈もある。浅い場合にはこれを浅理《せんり》と言い、深い場合にはこれを深理と言う。

道とは理の実践を言うのである

この理に対して、道という場合にはどう違うかと言うと、道は文字通り人間が歩いて行くものであり、歩いて行くのに必要な筋道である。どこへ行くのにも、道に依《よ》らなければ、道を歩かなければ、行くことが出来ない。つまり道は実践というものと離れない。理は人間がその知性・知能で解する、理解するものであるが、それを実践するものは道であります。

言い換えれば、知性・知能によって知るものが理であり、実践によって把握するものが道である。同じものであるが、知性の対象になる時は理になり、実践によって条件づけられると道になる。

そこでこれを結んで道理と言うのであります。理は理であるが、人間が実践出来るもの、実践と一つになっておるものが道理である。

論理・事理・道理

これに対して、世の中には無限の様々な事実があるわけでありますが、そういう事実、事に含まれておる理はこれを事理《じり》と言う。

又われわれの思惟《しい》・思考の中にも理が含まれておる。思う理、考える理、われわれの思惟を表現する理、これを論理と言う。

こういう風に道理・事理・論理みな共通のものであります。然しそこに大きな相違がある。同じ理でも、単に論理に止まるものと、事理である、道理である、という場合とでは大へん違います。論理が事理となり、道理となるに従って、次第に物の真実に到達する。即ち真理になるわけであります。

論理のもつ危険性

従ってこれに対して言えば、論理が一番非実践的で、抽象的なものであります。人間が動物から進化して、次第に物を考える様になり、又これに伴なって言語が発達して、或はこれを言葉に表現し、文章に表現するようになって、つまり言葉や文章を持つようになって、論理が発達した。

しかし論理が発達するのは結構であるが、どうかするとその論理の中に止まってしまって、事理の一面のみを捉えて、物言の全部に通じなくなる。況《いわん》や実践するということから遠ざかってゆく危険が生ずる。

これは人間に至ってもっともその傾向が著しくなって来た。殊《こと》に文明人、それを代表する知識人とか、教養人とかいうものになってくる程、思惟《しい》・思考が発達するから、論理が発達する。だがそのために往々にして折角の事物・物事の理、即ち物理・事理の一面に捉えられて、一面を抽象して、次第にその全部がわからなくなってしまう。実践というものから遠ざかってしまう。その最も甚だしいものが現代だと言うことが出来る。

人間も素朴な間は、未開な間は、論理も未熟であるから、どうしても論理や論理的知識というようなものは高等なものである、と考え勝ちである。然しわれわれが本当に生というものを把握するためには、平たく言うと、他の動物と違って本当に人間となって進んでゆくためには、こういう論理的知識・議論等というものに欺《あざむ》かれないことが大事であります。

なまじい教育を受けた人、或は書を読んだ人が共通して誤ることは、論理の中に虚栄を感じて、次第に事がわからなくなり、道を解さなくなる事であります。これをよく注意しなければならない。

古来、聞き難きものは道なりと申しますが、論理的知識などというものはいくらでも聞ける。しかし本当の事理・道理というものはなかなか聞けない。聞けないということは自分でわからなくなるからである。

われわれが生きてゆく上に於て先づ眼を開かなければならぬことは、この問題であります。天下聞き難きは道、古来聞き難きは道なり、ということが本当にわかることです。論理というものが如何に危いものか、好い加減なものかということです。

社会主義の論理

私共がまだ学生時代に、今も生きておるが、東京帝大の経済学部の教授をしておった森戸辰男さんが、ロシアの無政府主義者クロポトキンの「相互扶助論」という論文を翻訳したことがある。それが筆禍《ひっか》をかって、森戸さんは遂に教授の地位を棒に振ったわけですが、そのクロポトキンの論文に依れば、コロンブス以来の大発見ということでちょっとしてやられる。

それまでの人間は、そもそも知識人は、国家というものより外に高級存在を知らなかった。処《ところ》が思想が発達するに及んで、近代の学者は国家の外に社会というものを発見するようになった。これはコロンブス以来の大発見だと言うのであります。

そもそも国家というものには三つの要素がある。これは法学通論・国家学の開巻第一頁に書いてあるが、第一が主権、第二が人民、第三が領土で、これが国家の三要素である。

ところがクロポトキンは、そういう国家ではなくて、土地と人民との自由なる組織、つまり主権者とか権力支配者のおらぬ自由な組織がある、これが社会であると言うのであります。

そこでこの新しく発見された社会というものと、国家とどこが違うか。社会は、——人民から言うならば——権力服従関係のない存在である。従って国家の国家たる所以は、権力服従関係を本質とするものであるということになる。国家とは、権力によって人民を支配する存在である。

それは現実に譬《たと》えて言うならば、人間に対する手枷《かせ》・足枷の如きもので、人民の自由を束縛するものである。この国家という手枷・足枷を、人民の自由を束縛する権力支配組織を打破して、国家を社会にしてしまう、国家から国民を解放しなければば、人民の自由・進歩はない、とまあ、一口に言うならばこういう議論、これが国家主義に対する社会主義であります。そこで国民という語をも嫌って、「人民」を使うことにもなるのです。

そうすると、みなそうだそうだというわけで、もう国家主義は古い、社会主義に限るということに拍車をかける。

その徹底したマルクス・レーニン主義になると、国家とは人民の自由を奪うところの権力服従関係を本質とする支配組織であり、少数の特権階級が多数の民衆を搾取する権力機関である。だから国家とその特権階級を打倒することによって人民を解放することが出来る、人民を解放することによって真の自由と進歩がある、ということになって来た。

論理的に成立っても事理・道理として成立たない

これが帝大の経済学部の機関紙に翻訳されて、大問題を起こしたのですが、そもそもこの考え方の誤りの根元はどこにあるかと言うと、実在というものと抽象的思惟というものとを混同したことから始まる。もっとはっきり言うと、国家に三要素があると決めたところに誤りの始まりがある。国家に三要素ありと言って、国家というものは主権者と領土と人民の三つから成る、と決めたところに誤りの始まりがある。

主権者と土地と人民とから成り立っておる国家などというものは一体どこにあるか。国家というものはそんな作られたものではなくて、自然に発生したものである。共通の土地に、共同の生活者が出来て、その共同生活の長い体験・長い歴史の間に、次第にいろいろの慣習やら、利害やら、生活感情やら、或は又様々な生産、思想・信仰・芸術、といった文化が生まれてきた複雑極まりない生活体が国家というものである。

長い間の共同生活者即ち民族とその共同生活内容と、そこから生まれた複雑な思想・感情・文化、そういうものが渾然《こんぜん》として国家というものを造っておるのであって、土地・人民・支配者といった様な簡単なものでは決してない。

その複雑限りない生きものの、極《ご》く一面、或はその一部分だけを抽出して、結論を出して、それを論理にかけて展開してゆくところに今の様な思想・理論が生まれてくる。これは論理としては或るところ迄《まで》成立つものであるが、事理として、物理として、況《いわ》んや道理として、絶対に成立たない。

事理・物理・道理となってくると、これは実に複雑であるから、わからない、解し難い。反対にこちらの都合の好いような抽象的論理でできる概念体系はすぐわかる。だから問題が複雑になる程、スローガンだとか、何だとかいう様な単純な、抽象的な表現に走るものである。

ここをよく弁《わきま》えないと、人生は、現実は、とんでもないことになる。論理的にぎゃあぎゃあ言うことは何でもないけれども、実際の事理として、況や道理として、国民の運命にひびく道理として考えると、実際これは容易ではない、難しい。難しいからなかなか言えない。言えるのは無責任な、即ち事理・道理を無視した抽象的議論である。これはいくらでも出来る。ここに人間というものの難しさがある。

道理ほど難しいものはない

そこで抽象的理論というものは、これは何でもないことです。学説だの、理論だの、というものは誰にでも出来る。しかし猿では出来ない。犬でも、猫でも出来ない。抽象的思惟とか、抽象的理論というものは、人間でなければ出来ないことである。

だからこれはえらいことの様に思う。思うけれども、実際・事実・実践というものから考えると、これくらい危いものはない。時々過を犯す。これは人間だけが持つ危いことであります。

論理は簡単だが、論理的思想というようなものは簡単だが、事理・道理となってくると、それらの思想となってくると、実に難しい。難しいから、なかなか考え難い、言い難い、解し難い。われわれの個人生活でもその通りであります。

われわれの個人生活の現実の理法、日々の実践の理法、即ち道理となってくると、これは言い難く、聞き難い。無責任で、好い加減な、一面的で、刹那的な、思想・言論ならば何でもないが、道理ではなくて虚理、空虚な言葉・議論ならば何でもないが、本当に実のある、生命の通った真理・道理となると、聞き難い。余程思索と経験を積んだ、よく出来た人から出ないと、当てにならん。ここに難しさがある。

東西の学問は一致する

学問は何故するか

大体学問というものは、物知りになるために勉強するのではいけないということです。そういうことは本を読めばできるし、又、どこの大学でもそれぞれやっておることとでありまして、やはり根本的には、已《や》むに已まれぬわれわれの、深い人間としての内面的要求を満足させるためである。人間の一番尊い已むに已まれぬ良心・良知を、真理・道を学ばんがためである。それを楽しまんがためである。

こういう学問をすることによって、端的に言うならば、本当の自分を作るということのためである。こういうことが第一であります。

第二に、絶えずわれわれが反省し、会得を深くしておかなければならぬことは、人間というものは兎角《とかく》経験に従って偏《だま》し易《やす》いということであります。殊に仏教だの、儒教だの、宗教だの、哲学だの、というような人間の誤り・惑いを救うことを本領とするもの程、わが仏尊しで、偏するところ・僻《へき》するところが強くなる、という奇怪な事実であります。

小人玉を抱いて罪ありということがあるが、凡《おおよ》そこの尊い真理だとか、道だとかいうものを抱いて、これに私心・私情をさしはさんで、門戸を立てる、嫉視排擠《しっしはいせい》をする、所謂派閥を立てる、ということくらい本意に違うものはない。

これは禅や陽明学のもっとも忌《い》むところであります。従って私はよく陽明学者と言われるのでありますが、言ってもわからぬ者にはわからぬから、にやにや笑っておるだけで、そんなものは私の念頭にないのです。

禅や陽明学の大事なところは、単なる知的な問題でもなければ、又一宗一派、門戸を立てるためでもない。

絶対に徹する

徹底して言えば、人間はみな独自であります。それぞれが絶対である。絶対であるが故に、融通無礙《ゆうづうむげ》であります。平たく言うならば、何億・人間がおっても、同じ人間は一人もいないのです。みな一人一人絶対である。

その絶対に徹する時に、全である、完《まった》いのである。The Whole である、Das Eine である。絶対であるが故に無礙なのです。相対であるが故に衝突する。絶対になれば本当に無礙・円満であります。

そういう意味に於て所謂己《おのれ》に反《かえ》って、己を尽す、本当の自分を磨き出す、ということのために学んでおるのである。そのことを改めて、というよりは常に反省してゆく必要がある。

珍しい、有益だ、と思う知的興味で学ぶのでもない、語るのでもない。又門戸を立てるために、一宗一派を把握するために、学ぶのでもない。徹底して言うならば、本当の人間を作るために、というよりも本当の自分を作るために学ぶのだ、ということを常にわれわれは温習しなければならない。

徹すれば洋の東西はない

その一つの応用でありますが、例えば東洋と西洋とを考える場合、何かこの二つを対立させて、西洋に対する東洋の異を立てたり、相違を明らかにしたりする様な東洋趣味・東洋思想家が実に多い。

成る程すべて存在するものは絶対であるから、個性というものがある。東洋には東洋の個性があり、西洋には西洋の個性がある、ということは事実である。然しそれは、西洋になくて東洋にのみある、東洋になくて西洋にのみある、その点に於て東洋と西洋とは違うのだ――というようなものでは決してない。

徹底して言うならば、東洋も西洋も同じ人間社会であるから、必ず共通点がある。従って東洋に徹しても、西洋に徹しても、それは必ず人間に徹する、世界に徹する。最も深い本質・根柢に於ては、東洋の学も西洋の学も同じである。われわれはそういう融通無礙の、大きな、深い自覚と観点を持たなければならない。

生死一如

名高い『食通大全』の著者、エジプトのアテナイオス――紀元前二〇〇年頃の文人で古典にもしばしば出てくる人であります――はソクラテスを語っておる。

彼らは食うために生く。彼ソクラテスは生きるために食う。

世間の人は食わんがために生きるのであるが、ソクラテスは生きんがために食うと言う。この言葉はみな知っていますね。何かというとヨーロッパ人の口の端に上る、引用される有名な言葉でありますが、これはギリシャにもエジプトにも通ずる。生きるということはただ肉体を長らえることではない。

死後の人々の心の中に生きることは死ぬことではない。

これは前世紀の有名な文人、トーマス・キャンベルの言葉でありますが、これも『論語』の一頁でも、お経の一冊でものぞいた人ならば、よくおわかりでありましょう。

又、ドイツで誰知らぬもののない十九世紀の劇作家F・ヘッベルの

再び揺籃《ようらん》にねかされるのも、棺桶にねかされるのも根本的には一様である。

つまり生死一如ということです。言い方が面白いだけである。「諸行無常《しょぎょうむじょう》、是生《ぜしょう》滅法《めっぽう》、生滅滅已《しょうめつめつい》、寂滅為楽《じゃくめついらく》」と翻訳してもよい。

宗教と人間

偉人に霊感の無い人は未だ曾ってなかった。

偉人とはどういう人か。霊感に富んだ人である。感受性のない人間は一番非人間的で、言わば木石と同じである。木石なら、まだ何もないから、好い加減なものがあるよりは、却《かえ》って良いと言わなければならん。

もし神が存在しないなら、人が神を創らねばならぬ。

これはフランスのヴォルテールの言葉。宗教というものを極めて簡単な言葉で説明しておる。この一句、もし議論をするならば、それこそ何日でも、徹夜でも、議論のできることである。

しかし人は往々にして神を創ろうとして、物を作っておるということもある。

鎌倉時代は正法・像法・末法の所謂像法の時代であるが、偉いお坊さんがたくさん出ました。仏像芸術も大層発達しました。或る人が立派な仏師に頼んで仏像を作って貰い、開眼を道元禅師のところへ持って来た。大自慢で持って来たその仏像を

手に取って、禅師はつくづくと見ておられたが、やがてのことに
「ああ、勿体ないことをしたものじゃ。仏で木を作ったのう……」
と言われた。
本人は木で仏を作っておる心算だが、実は仏で木を作っておる。何とも言えぬ味わいのある好い言葉であります。随分仏で木を作っておる。

孤独はすべて優れた人物の運命である。

これはショーペンハウエルの言葉である。東洋は孤独を愛し、その孤独に耐える。数年前であったが、ペン・クラブの大会にやって来た外国の或る哲学者が、日本人には非常な強みがある。それは孤独に耐えるということだ、ヨーロッパ人は日本人の様に孤独に耐えられない、その点は日本人は優秀だ、という話をしておったのを聞いて、私も心に印したことがあるが、孤独はすべて優れた人物の運命である。

何故か。言うまでもなく孤独に徹するということは、すべてに通ずることである

からである。それを別の面から見ると、

この世で最も美しいものは最も無用のものと知りなさい、たとえば孔雀や百合の花。

ラスキンの言葉。孔雀も百合も共に無用的存在である。

もっと光りがさしこむように。

臨終の時にゲーテはこう言ったという。これも共鳴出来る言葉であります。

いづれもみな立派な意味の深い言葉でありまして、ただ読んだだけでは雑駁《ざっぱく》に感じますけれども、これを分類して編輯《へんしゅう》し直せば、このままでも一つの思想であり、文章です。

過去に学ぶ

バイロンは

将来に関する豫言者の最善なるものは過去である。

予言者のいろいろなことを聞く前に、先づ過去を見る。それが一番最善なるものであると思う。

私もベトナム問題等いろいろの問題に関して尋ねられるので、已むを得ず、やれ『中央公論』であるとか、『世界』であるとか、いったようなものに発表しておる人々の論文を読んでみるが、大して教えられるところがない。それよりも、『史記』とか、『通鑑《つがん》』とかいった古典を読んだ方がはるかに教えられる。

今日も実は、庄内から人が見えまして、菅実秀《すげさねひで》の伝記が出ると言う。菅実秀と言えば、あの幕末庄内藩の悲劇の中に全藩の運命を背負って、非常な苦忠《くちゆう》を尽した人で、西郷南洲や副島蒼海《そえじまそうかい》（種臣《たねおみ》）と肝胆相照《かんたんあいて》らして有名であります。

この人の伝記らしい伝記が今までなかったのが不思議ですが、今度初めてわれわれの同人によって、士道博物館から何百ページかの立派な伝記が出版されることになった。それについて私に序文と題字を頼んで来て、その時一緒に大部なゲラ刷を持って来られた。

つい私も惹《ひ》きつけられて、そのゲラ刷に目を通したのでありますが、読むほどに読み飛ばせない所が余りにも多いのに驚いた。そして今日の日本、或は今度の戦争中、乃至《ないし》敗戦後の日本の状態が、又その時当路の人々が如何に右往左往したか、そしてそれに対して放たれたいろいろの議論、紛糾した事実等々大変な連想が浮かんできて、菅実秀の伝記が、幕末明治の際の古い昔の記述ではなくて、そのまま今日の生々しい現実のように考えられて、本当に感に堪えなかった次第であります。

「将来に関する豫言者の最善なるものは過去である」という、このバイロンの言葉

は痛いほどわれわれにひびく。従って

歴史は例証からなる哲学である。

と確かに言い得る。これはギリシャの名高い歴史家ディオニュシオス・ハリカルナッセウスの言葉である。歴史には例証がある。然し新しい論文には未来に関する例証がない。未来だからあるわけがない。過去にはそれがある。こういうことを考えてくると、イギリスの名宰相ディスレーリが言った、

世界はデモクラシーが政治屋に堕落させた政治家にくたびれている。

という言葉には満腔《まんこう》の共鳴を感ずる。

一方に正義があると知るなら、中立に留まるは不正である。

これは十九世紀のオーストリアの詩人・劇作家フランツ・カステリの言葉である。経済政策だとか、戦争政策には中立はあるけれども、根本に於て中立というものはありません。つまり正義と不正義の戦い、真理と排理との戦いのどちらにもつかぬなどということはない。人間的・精神的には中立はないのです。もしあるとするならば、「その中は真中の中ではなくて、超越ということである。相矛盾する両方を解消してゆく中立ならある。どちらにもつかぬという中立はない」、確かスイスの大統領であったか、そういう意味の演説をしておりました。

本当の自分を知り、本当の自分をつくる

こういう風に、ヨーロッパ精神とは何だ、というようなことをつきつめてゆくと、古今東西変わったものではない、一如であります。禅とか陽明学とか言っても、何も珍しいことではない、ありふれたことなのです。それは本当の人間になることで

ある、本当の人間を知ることである。

ということは本当の自分を知ることであり、本当の自分をつくることである。本当の自分を知り、本当の自分をつくれる人であって、初めて人を知ることができる、人をつくることができる。国を知り、国をつくることもできる。世界を知り、世界をつくる事もできる。

明治維新と青年の学問

維新・革命の言葉の由来

世界の各方面に、クーデターや革命騒ぎが頻々《ひんぴん》と起こっておりまして、全く到るところ物情騒然たるものがあります。日本でも一九七〇年、即ち五年後には革命を遂行するのだ、と左翼方面では公々然と主張しておる。そしてそのための予備訓練だというので、やはり公々然として国法を無視した行動をして憚《はばか》らない。

それればかりでなくその革命工作の研究のために、しかも外国の金で堂々と学校を作って、盛んに活動しておる。それを政府はどうすることも出来ないで、放任しておるというような状況であります。

そこへ丁度満で数えて三年後に、明治維新一百年記念の年を迎えるわけであります。そのために明治維新を回顧する、研究するということが、近時の歴史物ブームとも関連して、大層盛んになっております。

今回は「明治維新と青年の学問」ということでお話をするのでありますが、こういう際でありますだけに、「革命と維新」ということについて改めてとくと考えてみることが、われわれ日本人にとって殊に大切なことだと思うのであります。

さて、この「維新」と「革命」という語でありますが、世間では維新は日本の言葉で、革命はrevolutionという西洋の言葉の訳語である、と思っておる人が意外に多いのでありますが、しかしこれは両語ともれっきとした古典用語でありまして、即ち革命は『易経』「革《かく》」の卦《か》の、

「湯武・命を革《あらた》め、天に順《したが》って人に應《おう》ず。革の時大なる哉《かな》。」

【大意】殷《いん》の湯王《とうおう》・周の武王は革命、すなわち天の命を革めることによって、天道に従い人心に応ずることができたのである。こう考えれば、革の時は偉大なことである。

という語から出ておるのであります。

又維新は『詩経』大雅《たいが》に、

「周は舊邦《きゅうほう》と雖も其の命維《こ》れ新たなり。」

【大意】周の邦は后稷《こうしょく》以来、千余年の旧い邦であるが、文王が新たな天命を受けて一新して、天下を統治することになった。

という句があって、これが維新の出典であります。

何故革命を嫌って維新を尊重するか

この様に革命・維新という言葉は昔から存在し、又使用されて来たのでありますが、日本では革命という言葉を嫌って、維新という言葉を尊重して参っております。従って明治の変革も、明治革命と言わずに明治維新として伝えられて来ておる。

何故革命を嫌って維新を尊重するか。これは常識的に言ってもよくわかる事でありますが、まあ、西洋流に申しますれば、革命は revolution で変革であり、維新はevolutionで進化である。われわれの身体で言うと、革命は外科的な問題であり、維新は内科的な問題であります。

「身体髪膚《しんたいはっぷ》これを父母に受く。敢て毀傷《きしょう》せざるは孝の始めなり」と申しますが、われわれの身体というものはなるべく毀傷せぬ方が宜《よろ》しい。外科的手術はなるべく避けて、出来るならば内から変化・進化を推し進めて、片づけてゆくことが好ましい。

元来、われわれの生命、その生むところの細胞というものは不死・不滅のものであります。その不死・不滅の細胞が死ぬというのは、大怪我をしてそれが原因で死んだり、中毒を起こして参るのである。外科的手術という様なものは、兎に角切るのであるからどうしても余弊《よへい》がある。従って切らずに治すに越したことはありません。

日本と外国とは国体が違う

そういう点から考えて、日本の歴史は誠にエヴォリューショナルな特徴を持っておって、革命的なお隣りの支那とは好い対照をなすものであります。

日本の国体は所謂万世一系で、一民族・一言語の単一純粋の歴史と国体でありますが、支那の方は、ご承知の様に易姓《えきせい》革命と言って、絶えず周辺の異民族が中原《ちゅうげん》に侵入して、侵略、征服を繰返し、又それに対する反抗・革命が行われて参りました。それで二十四史とか二十五史とか言われてきたのでありますが、そういう歴史と国体であるから、まるで日本とは違う。

西洋も亦然りであります。日本によく似た国としていつも取上げられるイギリスにしても、大陸の鼻の先に位置した島国であるという点は似ておりますが、歴史と国体はまるで違うのであります。王室はあっても日本の皇室とは違う。名高いシーザーの侵略を始めとして、絶えず大陸民族が攻め入ったり、征服したり、又、これに対して叛乱・革命をやるということで、世々の王朝は栄枯盛衰・興亡を繰返して来ておるのであります。

或る時は人民側から憤起して、国王を叛逆者として断頭台にかけておる。あのクロムウェルによるチャールズ一世の断罪の如き、そのもっとも有名な一例であります。そうすると今度は、王党の方が盛返して、クロムウェルの墓をあばいて、これをさらし物にする。

こういう様なことを続けておるうちに、こういう愚かなことをやっておったのでは、害あって一向益がない。なんとか人間らしい賢明な解決の方法がないであろうか、と次第に考えるようになって来た。

暴力によって解決するのではない、伯夷《はくい》・叔斉《しゅくせい》の概歎《がいたん》したように「暴を以て暴に易《か》え其の非を知らず」というのでは情けない。それよりも話し合いで解決する方法も出来ようではないかというので、ここに両方の代表者が集まって一堂に会し、discuss（議論）して、賢明な結論を出す。その結果には従来の行きがかりを水に流して服従してゆくという、所謂議する会、議会政治というものを発達させた。これが世界の民主主義・議会政治のお手本になったわけであります。

その点日本は自然である、進化的である。そして日本の皇室は次第に私室・私家ではなくなって、いつの間にか私姓のない公家・公室になっていった。

ご承知の様に日本の皇室には、西洋の王室の様にチューダー王朝であるとかスチュアート家であるとか、ホーエンツォルレン家であるとか、ハプスブルグ家であるとか、或はロマノフ家であるとか、お隣りの支那ならば、劉であるとか、李であるとか、或は朱であるとか、愛新覚羅《あいしんかくら》であるとか、というような私の姓がありません、苗字がありません。

これは日本の天皇は私室・私家ではなくて、公家・公室であるから、姓が要らぬわけであります。こういうことは世界史の上でも類のないことでありまして、心ある哲学者は一様に驚歎しておるのであります。

こういう自然な国体と歴史を持った国家でありますから、革命というような外科的手段は合わない、好まれない。どうしても維新にならざるを得ない筈《はず》であります。

革命には残虐性がつきものである

これは少し実際を見れば明白であります。例えばレーニン・スターリンによるロシアの革命、ロマノフ王朝を倒して、ソビエット・ロシアを造ったあの革命を見ても、或は毛沢東による中国共産革命を見ても、こういうものと明治維新を較べた場合、そこに大きな相違がある。

第一、ああいう非人道的残虐性がない。いろいろの記録や実録などを見ますと明白でありますが、あのソ連の共産革命の時に、ロマノフ王室の国王を初めとするその家族の悲惨な虐殺、それに伴なう動乱というものは、誠に聞くに忍びぬ、読むに忍びぬものがあります。今度の大戦後に於ても、コルホーズ――集団農業方式を実行するために、これに反抗する農民で政府の犠牲になったものが少くとも一千万、多く見積もる者は三千万を下らないと言っておる。

中共の革命を見ても、三反とか五反とかいうような粛清や人民裁判なるものが行われ、密告制度を励行して、その血祭りに上げられた良民の数はこれ又三千万というのが常識であります。

今、中国に于斌《うひん》という大司教が健在でおります。たびたび日本にも来られて、私もいくども会ってお話をしました。この人が中国の各都市から田舎の県に至るまでレポートをとって、詳細に調査・研究した結果、革命以後今日まで直接・間接に粛正された者は勿論、その影響を受けて自殺したり、或は餓死したりした者まですべて入れると、一億を下らぬ犠牲を出しておると論断しております。

若《も》しこれが百万人くらいの人口の中から一万人死んだとしたら、それこそ大変なことですが、七億もあるような国でありますから、一億消えてもそれ程目立たないわけであります。

明治維新は所謂革命の中にははいらない

それに較べると明治維新はまるで違います。第一、もしこれがソ連や中共の革命であったならば、徳川家はもとより、各大名、その他家老とか、旗本とかいうようなものは殆ど虐殺された筈であります。

処《ところ》が事実はその反対で、徳川慶喜は最高の公爵を頂いて華族に列せられ、各大名もそれぞれ公・侯・伯・子・男というような爵位を貰ったり、或はその地方の県令・知事というようなものに任ぜられておる。これは外国人には全く信ずることの出来ないことである。従って批評家の中には、あれは革命ではないと言う人があるくらいであります。

実際その通りでありまして、版籍奉還《はんせきほうかん》というようなことにしても、到底これは西洋人には信じられないことです。土地と人民に対する支配権を自主的に放棄するどころか、還《かえ》し奉《たてまつ》ったのであります。大抵ならば武力討伐《とうばつ》をやって、血で血を洗う惨劇を演じて、取上げるべきものです。

これは薩・長・土の三藩が相談をして還したということになっておりますが、事実はそれよりも早く、微々たる姫路藩が先づやっておる。それを大へん結構なことだというので、薩・長・土などの大藩を初めとして全国の諸藩が右へならえをしたわけであります。


まあ、こういうことを考えて参りますと、本当に明治革命ではなくて明治維新である。勿論中へはいりますといろいろあります。随分動乱もありました。部分的には内戦のようなことも行われましたが、これとて仔細に調べてみますと、どちらかと言えば、官軍の中の心なき者に対する憤激が因であります。

一番乱れたのは北陸から東北へかけてでありますが、これなども、決して各藩が官軍や皇室に対して叛意・逆意を持っておったのではない。みな新政府に対する恭順・帰順の意志を十分に持っておったのでありますが、これに対する官軍の処置が拙《つたな》かったがために、感情を害して憤激をかい、ああいう内戦になったというのが実体であります。

一例を挙げますと、東北諸藩が起ち上がった一番の原因は、ご承知の様にあの地方には九条総督が代表で赴《おもむ》いたのでありますが、その大事な参謀の中に、世良とか、大山とかいう様な乱暴な思慮のない人物がおったがために、諸藩の憤激をかって、とうとうああいう内戦になったのであります。世良参謀などは福島の妓楼《ぎろう》で酔い痴《し》れておるのを仙台藩士に襲撃されて殺されておる。

若しこれが東海道を進軍した西郷南洲、これと協議した海舟、或は泥舟《でいしゅう》・鉄舟というような人物が行って、談判・交渉が行われておったならば、もう平和裡に解決したに違いないのであります。

東北方面はそれが出来なかった。まあ、部分的には内戦の様なこともありましたが、全体としてみると、本当に奇蹟的な人道的解決であります。

革命と偽革命

処が西洋で革命が流行するようになって、殊に共産革命が戦後各地で成功する様になってからというものは、革命と言えば何でもよいことの様に、望ましいことの様に思う気分が横溢《おういつ》しております。しかし冷静な学者・評論家は已に革命の実体を遺憾なく検討して、結論を出しております。

ガクソットの論

例えばフランスの新進の歴史学者であるガクソットという人の『フランス革命』という書物があります。フランス革命については、古往今来、汗牛充棟《かんぎゅうじゅうとう》もただならずと言ってよいくらい沢山出ておりますが、ガクソットの『フランス革命』は、出来るだけ自分の意見や論説というものを表に出さずに、革命当時の文献を克明に渉《しょう》猟《りょう》して、有りのままの当時の実体を提示しておる。日本にも翻訳されて、上下二冊になって出ておりますが、それを読むと、有りのままの革命は世に伝えられておる革命とは大分違う、ということがよくわかるのであります。

過去十年の間、革命はすべてを誤算し、そのあらゆる希望に幻滅を感ぜしめた。人々は革命によって規律だった不動の政府を持ち、確実な財政を持ち、賢明な法規による、そして外国に向って平和を開き、内に平穏な社会を作りあげる政治を持とうと期待して居た。

ところが事実はその反対で、無秩序と戦争と、共産主義と恐怖と、破産と飢餓と、二、三回にわたる支払停止といった結果をもたらしただけであった。ナポレオンによる専制は、当時の人々の強権要求と、デモクラシーの思想の波に巧《たくみ》に融合した。

P・ガクソット『フランス革命』結語

過去十年の間というのは勿論フランス革命の後のことでありますが、その折角の革命もいろいろの誤算があって、みんなの革命というものに持っておった希望に対して、非常な幻滅を与えたというのです。しかしこれはフランス革命だけのことではありません。そのまま第二次大戦後の各国の共産革命のことであります。

又ナポレオンによる専制は、当時の人々の強権要求――つまり世の中が混乱に陥ったために、これを建直すには自由放任では駄目で、どうしても強権が働かなければ統制がとれない。そこで人々は自然にそれを要求するようになる――その強権要求とデモクラシーの思想、即ち暴力によらないで、協議と話合いでやってゆこうというデモクラシーの思想の波に巧みに乗じた、とこういう評論をしておるのでありますが、今日あちらこちらで行われる革命やクーデターを見ましても、本当に革命というものはガクソットが言っておるように、その国の人々に大きな幻滅を感ぜしめておる。

ベルジャーエフの論

又ベルジャーエフという人がございます。この人はロシア人でありまして、最初はやはり共産主義というものに興味を持って、この研究に没頭した人でありますが、だんだんこれに愛想をつかして、遂にロシアを亡命し、自分自身も次第に共産主義から哲学・神学に深くはいって行った。そして独特の哲学者・神学者として世界的に重んぜられた人であります。

日本にも数多くの著書の翻訳がありますが、その一つに『愛と実存』という本があります。随分広く読まれた格調の高い哲学書でありますが、その中にこういうことを言っております。

最もはげしい革命に於てさえ過去は人間を支配することをゆるめない。いつの革命にもつきものの暴力と残虐と権力欲とは、凡《あら》ゆる人間を昔から支配してきた本能のあらわれでしかない。これらの本能は、過去を打壊さうとするはげしい反動時代の人間においてすら顕著である。

フランス革命を惹《ひ》き起した人民とは、旧制度の人間のことであった。又ロシア革命の大立物に流れていた血潮は、依然として農奴《のうど》の血であった。彼等にあっては、革命の恐怖は昔と少しも変らず、決して新しいものではなかった。

革命家というと、一般に理想的解釈をするのでありますが、あらゆる革命家に共通してあるものは実にこの権力欲というものであります、このためにはなにものを犠牲に供してもはばからぬという非人間性であります。これは近代諸国家の革命を見ても、共通の真理であり、事実であります。

人間のあらゆる欲望の中で権力・支配の欲望程深刻なものはありません。自分が権力を握って人を支配するということのためには、なにものを犠牲にしてもはばからない。実に強烈なものであります。

レーニンも、革命の前夜にもっとも必要な人物は、それの成功した第二日目には銃殺を要するような人間だ、と言っておりますが、そういう人間でなければ、ああいう残虐な革命は出来ないわけです。

ケネディやニクソン、その他各国の人達が共通して言っておりますが、ソ連を旅行して、ソ連の要人に会って、最も感じることは、上はスターリンやフルシチョフの様な人物から、下はウラルの山中の一工場長に至るまで共通して持っておるものは、鉄の様な意志と冷酷な非人間性であると。

だから友好とか共存とかいうことでこれを甘く考えると、とんでもないことになる。それをベルジャーエフがここに言っておるわけであります。

革命は、「すべてのものを叩きこわして新しく」ということを謳歌する。革命の本質は、過去をめちゃめちゃに破壊してしまうことにある。然し過去をきれいに叩きこわせば万事新しく始めることが出来るというのは、革命が作り出したまぼろしに過ぎない。いくら過去を叩きこわしても、過去は依然として過去であって、そこから未来は生じない。諸民族の歴史的運命は、革命によって強く影響されている。

今日に於てさえ、革命を理想視して、来るべき革命は、凡ゆる善と美の勝利をもたらすと考えている人が居ることは誠に驚くべきことである。成る程、革命はごく少数の人々の英雄的行為を明らかにするが、その反面、いかに多くの人間が呆れるほどいやしい性質を持っているかをも暴露するのである。

革命とは古い制度にまつわった現象であって、それだけでは決して新しい世界とはならない。革命家は古い人間に属する。革命は、社会を改革しようとする創造的・霊的な力が欠けている状態を示している。だから革命は新しい人間を生み出すことができない。

単なる衣の脱ぎかえでなく、本当の新人が出現するためには、何としても精神的運動と本質的変化とが行われなければならない。内面的・霊的な一つの核及びその核に含まれた創造的運動がなければ、社会的秩序をいかに更新しようとも、所詮《しょせん》新人を期待することはできない。

ベルジャーエフ『愛と実存』

革命というものは、社会を改革しようとする創造的・霊的な力が欠けている状態を示していると。これがあれば革命にはならん、つまり維新でゆける。単なる衣の脱ぎ替えではなくて、精神的運動と本質的変化とが行われなければ本当の新人は出現しないという。堂々たる断案であります。

明治維新成功の真因

革命というものは、内面的・霊的な一つの核及びその核に含まれた創造的活力がなければ、社会的秩序をいかに更新しようとも、所詮新人を期待することは出来ない、とベルジャーエフ等が骨の髄から体験をして考えました様に、決してこれは外面的・暴力的な、復讐的・闘争的な、権力と機構の変革運動という様なものでは出来るものではない。そこに内面的・霊的な、勝れた精神的運動がなければ、本当の新しい時代は生まれて来ない。

これを考える時に、明治維新というものは実に立派であった、とわれわれは沁々《しみじみ》思わざるを得ないのであります。どうしてこういう立派な革命、即ち維新が行われたか。これを追求してゆきますと、ベルジャーエフ等の考えた様なことが、実によく日本全国に亘《わた》って行われておったことがわかるのであります。

ご承知のように徳川幕府は三世紀近い長い間続きましたが、その下には所謂《いわゆる》三百諸侯、二百六十余藩というものがあって、みなそれぞれ言わば小日本国をつくっておったわけであります。そこには名君と言われる人、賢宰相と言われる人が、或は碩学《せきがく》とか、鴻儒《こうじゅ》・名僧とか言われる人々が輩出致しまして、儒教・仏教・国学・神道という様な学問や信仰が真剣に研究され、教育されて、実に崇高な教養・信念が養われて来ておった。これが明治の革命をよく維新にしたと申して宜しいのであります。

成功の蔭に重大な失敗

そうして日本は世界の奇蹟と言われるような大躍進を致しましたが、しかし反面に於てその明治時代に重大な失敗をしておるのであります。

これも先哲講座で論じたことがあるのでありますが、兎《と》に角《かく》三百年の鎖国生活を続けておる間に、西洋近代文明、即ち物質文明・機械文明というものにすっかり後れてしまって、諸外国の軍艦やら、使節やらが来るようになって初めてそれを知ったのですから、本当に駭《おどろ》いた、と同時に彼等の強力なのに畏敬の念を抱いた。自から省みて不安やら恥《はじ》らいやらをおぼえると同時に、負け惜しみやら悔しさやら、つまり文字通り inferiority complex 劣れる者の複雑心理、というものを抱かせられた。

これがずっと日本の国民心理の中に残って、又々戦後に大きく強く現われたわけであります。

兎に角一日も早く彼等の物質文明を取入れて、あの科学と技術の見事な成果をわれわれも挙げなければならん。彼等に追いつき、追い越さねばならん。フルシチョフや毛沢東のやったことを日本は明治時代にやったわけです。

そのために日本民族の貴重な歴史的・道義的文明というものはもう当然の事として、取敢《とりあ》えず電気をつけなければならん、汽車を走らさなければならん、法律をつくり、軍隊もつくらなければならん、ということで功利の方へ突貫した。そしてだんだん尊い民族の歴史的・伝統的な精神文明・道義的教養というものが閑却されるようになっていった。

明治天皇の予見

しかし明治時代はまだしも先代からの遺産があった。明治初年の支配者・指導者達はみな偉大な先駆者の後について、修養もし、精神的涵養《かんよう》も出来ておった。けれども後に続く者がなかった。

炯眼《けいがん》にも明治天皇は、東京帝国大学をご覧になり、このことをご心配になって、お帰りになると直ぐ元田永孚《もとだながざね》達をお呼びになり、

「帝大はあれで良いのだろうか。大事な道を学ばせる教というものは何もない。今は維新生き残りの人物がおるからよいけれども、あれでは本当に日本を治めるような人物が今後出来ないのではないか。もっと大事な人物をつくる精神教育、道徳教育をやらせるようにしなければならぬ」

とおっしゃった。これは『聖諭記《せいゆき》』という題で元田さんが書き遺しておられる。確かにその通りでありまして、明治天皇を始め識者が心配致しました如く、後の大正、昭和、更には今度の敗戦に伴なって、この明治の不用意が大きな禍《わざわい》になったのであります。

原敬と政治献金

この間もあるところで、雑談の際に原敬《たかし》や床次《とこなみ》竹二郎さんの話が出たのでありま

すが、ご承知の様に原敬という人は、実に異色のある英邁《えいまい》な宰相で、号を一山と申しました。盛岡の菩提寺にあるお墓には逸山と書いてありますが、これは同音であるから、一を逸に代えたので、本来は一山であります。

これはどこから来たかと申しますと、原さんは南部藩の出身でありまして、官軍の東北征伐でも酷い目に遇った方でありますが、新政府になってからでも、東北諸藩出身の人物は官軍に抗したという故を以て一山百文扱いにされた。

人間の偏見と言いますか、どうも情けないことであるが、これはいつの世の中にもある。今日の政党を見ても、派閥とかなんとか言って、自民党は勿論のこと、社会党や共産党になるともっとひどい。

これは政治家ばかりではありません。学者の中にもあるし、人の生命を預かる最も敬虔で無私であるべき医者の派閥など、実に物凄いものです。宗教界でもそうでありまして、問題の創価学会の他宗教に対する排撃なども本当に真剣なものがある。原さんもそういうわけで冷遇された。そこで彼は慨然《がいぜん》として、自から一山百文の一人だというので一山と号した。彼の慨歎・憤慨がよく現われておる。もっとも雅号もこうなると、深刻で雅どころではありません。それで後に逸という字を使ったわけです。

この原さんはご承知の様に刺されて横死したのでありますが、生前にちゃんと遺言書を作っておった。殺されるかも知れぬということを覚悟しておった証拠です。その遺言の中に、当時の金で百万という大金の預金があるが、これは党のための機密費であるから党に返せ。又別に十五万円、今日ならば一億近い金でありましょうが、これは大阪鴻池《こうのいけ》の原田次郎氏に返せと書いてあった。

そこで原家の方では遺言通りその金を原田次郎氏に返したのでありますが、びっくりしたのは原田さんの方です。というのは実はこういうわけなのです。

或る年のこと選挙が行われるというので、選挙献金として十五万円を原さんのところへ持って行った。すると原首相は「いや、もう選挙費は出来たから結構です」と言って断られた。しかし折角持って行ったのですから、どうしたものかとまごまごしていると、しばらく考えておられた首相が、「選挙費以外に使っても宜しければお預かりしましょう」と言われたので、「何にでもお使い下さい」と答えた。すると原さんが「実は、わが内閣はいつ倒れても、幸いにして食うに困る大臣はおらぬが、ただ一人床次竹二郎君だけは翌日から食うに困る程貧乏しておる。そういう時に助けてやりたいから預かっておきましょう」、こう言ってとられたというのであります。

勿論原田さんとしては、そんな金は受取れるわけのものではないので、原さんも床次さんの心配をしておられたのであるから、床次さんのところへ持って行きましょう、というので持って行った。床次さんは大層感動して、涙を流して、「これは自分が受取るべきものでないが、故総裁の遺志として活用しましょう」、こう言って納められたという事実が記録にある。

床次竹二郎の面目

私はこの話を思い出すたびに今更の如く感ずるのでありますが、この頃の政治家と原さん当時の政治家とはこれだけ違う。床次という人にしても、いろいろ批判はあるけれども、さすがに原さんが目をかけた程の人物であります。ちょっと今日では見られない様な清廉で英邁な人であります。

或る時まだ現職の大臣であった床次さんのところに陳情にやって来た連中が、以前依頼しておいた件について督促《とくそく》したところ、先生一向にご承知ない。陳情にやって来た連中もいささか腹に据えかねたか、そんなことで大臣が勤まりますか、とかなんとか言ったらしい。

床次さんは目をむいて、貴様等はそういうことを大臣が一々覚えておると思っておるのか、と言って早速ベルを押して、秘書官にたくさんの書類を持って来させ、その連中の前でポンポンと判を押して、お前等の言って来ることはみなこんなものじゃ、どうでもよいようなことじゃ、と言ってけむにまいたという話がある。

革命と民族精神

下手にまねされてはいけないが、兎に角昔の政治家には一本筋が通っておった。バックボーンという言葉をこの頃よく使うが、そういうものを持った人物がおらぬと、政治にしても、経済にしても、何にしてもうまくゆかん。そういう人物がおれば、革命は立派な維新になる。

明治維新の時には幸いにしてそれがあった。これに先行する二世紀以上もの長い間、人間の本質的なものをつくる活きた学問・修養というものが、歴史的に養われて来ておったのであります。

それが今日全く荒んでしまった。それだけに今後の革命、社会的変革というものが心配なのです。どうしても人間としての本質的な学問・教育というものが興らなければならない。

群衆中の個人は、単に大勢の中に居るという事実だけで、一種不可抗力なものを感ずるようになる。そのため本能のままに任せることがある。単独のときならば当然それを抑えたであろうに。その群衆に名目がなく、従って責任のないときには、常に個人を抑制する責任観念が完全に消滅してしまうから、一層容易に本能に負けてしまうのである。

故に人間は、群衆の一員となるという事実だけで、文明の段階を幾つも下ってしまうのである。一人で居るときは、恐らく教養があると思われる人が、群衆に加わると、本能的な人間、即ち野蛮人と化してしまう。原始人の様な自然さと激しさと兇暴《きょうぼう》さを具《そな》え、言葉や現象に動かされ易い。群衆中の個人とは恰《あたか》も風のまにまに吹きまくられる砂の中の一粒のようなものである。

(仏)ギュスターヴ・ル・ボン『群衆心理』

これはフランスの名高い心理学者ギュスターヴ・ル・ボンの『群衆心理』という名著の中にある言葉でありますが、これを救う最も良い方法は民族の歴史的・伝統

的精神を喚起することである。だから、

民族精神は完全に群衆心理を支配する。民族精神は群衆の動揺を抑制する強力な基盤である。民族精神が強ければ強いほど、群衆の劣等な性質は弱くなる。これが根本法則である。

群衆の状態と群衆の支配とは、野蛮状態、又は野蛮状態への復帰を意味する。強国に確立された精神を堅持することによって、民族は次第に群衆の無反省な力をまぬがれ、野蛮状態から抜け出ることができるのである。

(仏) ギュスターヴ・ル・ボン『群衆心理』

革命的精神

又アルベルト・シュワイツァーが『文化の没落と再建』という書物の中に次の様なことを言っておる。

文化の回復は、ある大衆的運動の性格をおびた試みとは何の関係もない。それらの運動はつねに外的事件に対する反動に過ぎない。

しかし文化は多くの個人の中に、現に支配するところの一般的思想とは独立に、またそれに対立して一つの新しい思想が生まれ、それが漸次《ぜんじ》一般的思想に影響を及ぼして、遂にそれを決定することによってのみ再び成立するのである。唯ある種の倫理的運動のみがわれらを非文化から救い出す事ができる。その倫理的なものは唯個人の中にのみ成立するのである。

それ故に個々人は、再び高邁《こうまい》なる個性的確信に達して精神的倫理的思想を喚起するという、個人のみが果しうる任務を再び引き受けねばならぬのである。この事が多くの人々に起るのでなければ、何ものも我らを救うことはできない。

アルベルト・シュワイツァー『文化の没落と再建』より

つまり一つの時代の流行的現象、或は風潮というようなものにあきたりないで、孟子の所謂自反《じはん》、自由に自分の内に反って、そうして自分の中にある大切なものを磨き出すということです。言い換えれば己を尽すということです。この「尽己」の学をするということが多くの人々の間に広まって来なければ、新しい時代の創造は出来ない。単なる大衆運動というようなものは人間を低下させるだけである。

さて、今までは精神科学の方の人々の言葉でありますが、自然科学者であり、又偉大な哲学者であったアレキシス・カレルは適切にそのことを説いております。

内面生活という私的な、隠れた、他人と分けあうことの出来難い非民衆的なもの、これこそあらゆる独創性の源泉であり、あらゆる偉大な行動の出発点である。これのみが個人をして群衆の間にあって自己の人格というものを保持させ、現代都市の乱雑と騒擾《そうじょう》との中で、精神の自由と神経系統の平衡とを確保させるのである。

アレキシス・カレル『人間・その未知なるもの』より

実に名言であります。さすがに自然科学者らしい。これは厳粛な真理である。さてそれではそういう魂とはどういうものであるか。

人物と感憤勉強

○唯今の勢は和漢古今の歴史にも見及ばぬ悪兆にて、治世から亂世《らんせ》なしに直に亡國になるべし。

○天下の大患《たいかん》は人皆その大患たる所以を知らざるなり。

○古今兵を論ずる者皆利を本とし、仁義如何を顧みず。今の時に至りその弊極まれり。その實《じつ》は仁義ほど利なるものはなく、また利ほど不仁不義にして不利なるものはなし。

天未だ神州を棄てずんば、草莽崛起《そうもうくっき》の英雄あらん。—今の幕府も諸侯も最早《もはや》醉人《すいじん》なれば扶持《ふち》の術なし。草莽崛起の人を望むほか頼みなし。

義卿《ぎけい》（松陰の字）義を知る。時を待つの人にあらず。草莽崛起、豈《あ》に他人の力を假《か》らんや。恐れながら天朝も幕府も吾が藩も入らぬ。ただ六尺の微軀《びく》が入用。

【大意】古今の兵学軍学では、利を第一に考えて、仁義にかなうかどうか顧みようとしない。その弊害が、今日に至って極端にあらわれている。深く真実を尋ねれば、仁義ほど本当の利となるものはないのだ、またいわゆる利ほど仁義に反して本当は不利になるものはない。

天がまだこの神州日本を見棄てていなければ、在野から興起する英雄が出てくるにちがいない。今日の幕府も諸侯も、酒に酔ったような状態で到底、この国を維持することはできない。もはや在野から興起する英雄を待望するしかない。自分（義卿）は義を知っている。その人の出現を待ってはいられない。他人に期待しないで自分が立ちあがるしかないと思う。恐れ多いことだが、朝廷も幕府もわが長州藩も不用だ。ただ、この自分の一身があればよい。

○士別れて三日なれば刮目《かつもく》して相待つ。一日見ずんば三歳の如し。朋友相與《ほうゆうそうよ》の情、學問日新の機、誠にかくの如きものなり。

【大意】有為《ゆうい》の人物というものは、別れて三日のちに会ったときには、目をこすって見直さなければならない。必ず進歩しているものだ。一日会わないでいる間の進歩は、三年の間の進歩のように著しい。朋友が影響し合い、学問が日進月歩する妙機とは、まことにそのようなものだ。

『吉田松陰語録抄』

もっともよく自からの内に真剣に学ぶ者が、もっとも真剣に世を動かすことが出来る。だから本当の国家・世界の進歩というものは、必ずもっとも個人的・個性的内面生活を通じて初めて出来る。

その意味で青年よりも少年、もっと徹底して言うならば少年よりも幼年、なるべく早いうちから自から内に省みて、自分の中から尊い感激の魂を燃え上がらせる心配りをすることが必要です。それによって幼年・少年・青年達が自分を鍛錬陶冶する。これが相待って他日大いなる時代の変革の力になるのであります。

その一、二の例を吉田松陰と一緒に安政の大獄に斃《たお》れた橋本左内の『啓発録』に伺ってみましょう。

余、嚴父の教を受け、常に書史に渉《わた》り候ところ、性質粗直にして柔慢なる故遂に進學の期なき様に存じ、毎夜臥衾《がきん》中にて涕泗《ていし》にむせび云云。

橋本左内『啓発録』

【大意】わたしは父の教えをうけていつも経書や歴史を渉猟して来たが、心が粗雑かつ単純で剛毅精励できないため、学問の進歩を期すことができないように感じ、毎夜、寝床でひそかに泣いていた。

これは実に彼の十四歳の時のものでありますが、毎夜寝床にはいると泣けたと言っておる。この心です。この感動・この魂が尊い。又同じ『啓発録』の中に自分の修養のための五つの標準を立てておる。

一、去稚心　二、振氣《しんき》　三、立志　四、勉學　五、擇交友

【解説】『啓発録』に掲げた五つのモットー。その一は稚心を去る。つまり幼稚な甘えの心を捨てること。その二は英気を振るいおこして自らを励ますこと。その三は志を立ててそれに向かって努力すること。その四は学問に精励すること。その五は交友を択ぶ、つまり益友と交わり損友と交わらぬこと。

そしてこの五つの各項について堂々と論じておるのであります。十四歳とは思えぬ大した見識です。大抵の人は、ああいう英邁な人であって初めて出来ることだと考えるのでありますが、決してそうではありません。

この頃の心理学・教育学・その他の研究に依《よ》ると、導きが良ければ、それ程勝れた素質を持っていない者でもみな出来るようになる。教養宜しきを得れば、人間というものは五十歩百歩、英雄も凡人もそれほど変わるものではないという。教養宜しきを得れば、われわれも松陰や左内と似たり寄ったりになることが出来るのです。

まあ、こういう風に感激の魂が旺盛になってくると、苦労などというものは問題でなくなる。問題ではあるけれども、決して害にはならん。その面白い例が勝海舟の日記であります。

海舟の貧乏とアルバイト

弘化《こうか》四丁未《ていび》秋業に就き、翌仲秋《ちゅうしゅう》二日終業。予此の時貧骨《ひんこつ》に到り、夏夜無幮《なつのよにかやなく》、冬《ふゆの》夜無衾《よにふすまなし》、唯日夜机に倚《よ》りて眠る。加之《しかのみならず》、大母病床に在り、諸妹幼弱不解事《しょまいようじゃくにしてことをかいせず》。自ら椽《たるき》を破り、柱を割《さい》て炊《かし》ぐ。困難到于爰《(ここに到り)》又感激を生じ、一歳中二部の謄寫《とうしゃ》成る。其の一部は他に鬻《ひさ》ぎ、其の諸費を辨《べん》ず。嗚呼《ああ》此の後の學業其の成否の如き不可知《しるべからず》不可期也《きすべからざるなり》。

勝義邦記（二十五歳）

私はこの文章が大好きで、よく方々で紹介するのでありますが、彼がいかに貧乏と闘って勉強したかということがよくわかる。

丁度オランダ語の勉強を始めた頃のことで、或る日辞引《じびき》を見つけて、やっと金を工面して買いに行ったところが、一足先に他人に買われていた。そこで買い主を尋ね当てて借用を申込むと、なかなか勘定高い男とみえて、法外な金をふっかけて貸してやると言う。仕様がないので借りて写すことにしたが、さすがは海舟頭が良い。つまり二部写して一部を売り、その借用代に当てたわけであります。

昔の人間はえらいものです。今時辞引を写すなどという気力を持った人間はおりません。第一、出版が発達して、少し金を出せばいくらでも買える。

然しそのために、これは多くの学者が指摘しておることでありますが、だんだん人間は頭を働かせて物を考えなくなり、努力をしなくなって、結局頭が鍛えられないから馬鹿になる。

これは人間の身体・生命でも同じこと。暑いからと言って冷房、寒いからと言って暖房、食い過ぎたと言っては消化剤、こういう調子でやっておると、人間の身体は鍛えられることがない。

生命というものは、生命のつくる肉体というものは、やはり鍛えていじめなければ、徒長《とちょう》した麦と同様ふらふらと伸びてしまって、それこそ他愛もないものになってしまう。肉体的にも精神的にも、左様にして文明はいつも滅びる。だからわれわれも先づ海舟の様に鍛えなければいけない。貧乏しても、感激を生ずるだけのエネルギー・精神力を持たなければいけない。困難ここに到って神経衰弱を生ずるようではどうにもなりません。

青年の使命

こういうことは枚挙にいとまがない、と言うよりもそういうことが維新の大業に参画した人々、或はその前代の先駆者達には日常茶飯のことであった。その長年の養い、教の力がよくあの世界の奇蹟と言われる明治維新を成功せしめたのであります。

明治維新と、この頃各地に勃発しておるクーデターなどというものとの異なる所以は、ここにある。狂人のようになってわいわい騒いでおる連中には、破壊は出来ても、正しい意味の維新・革命というものは断じて出来るものではない。よくこれを成し得る者は、本当の内面生活を以て自からの心を練らんと努力する——又そういう志を持つ人々に限る。それを使命とし、誇りとするのが青年・少年の最も大切な点でなければならないと思うのであります。

人間哲学要語集

現代文明の危機は何処にあるか

今更言うまでもありませぬが、自然の物理も、われわれの生理や心理というものも、又もっと深いわれわれの道念というものも、もともと皆一如なものであります。従って人間に一番大切なことは何処までも自然を離れてはならぬということです。つまり創造的、活動的でなければならぬということであります。

今日の文明が何故危険かと申しますと、余りにも自然から離れ過ぎて創造的でなくなった、言い換えれば非常に物質的・機械的になって来たということであります。だから今日世界の文明を、あらゆる角度から研究している権威者達の異口同音に言っておることは、如何にしてこの文明に再び自然を回復するか、人間の法則を自然の法則に合致せしめるかということであります。

そこで、ついでに面白い研究の結果を紹介しておきますが、近頃の思想家とか哲学者とかいわれる人達はどうも動脈硬化に陥って来ております。処が反対に自然科学者の方が生きた哲学をする様になって来たのです。

つまり自然科学者は自然の法則を探究しておるものですから、自然の法則から自然と人間というものを反省して、現代人間生活の非合理や矛盾というものに気がつくようになって来るわけであります。

その好い例が、アメリカのリヒターという教授と一群のアッシスタントによって行われた面白い研究報告です。それは「鼠と人間と福祉国家」という題で、実験室に飼育されている鼠に関する報告であります。

勿論研究用の鼠ですからどんなものでもよいというわけにはいかない、矢張り血統を正しくしないといけないが、親の代から子孫の代への推移過程を研究するので自然と野生であった親鼠との比較が出来るようになったわけであります。

その報告によると、実験室で飼育されている鼠は、自然の変化と闘う必要もなければ、食物をあさる苦労も要らない。又他の動物との命がけの闘争に苦しめられることもない。全く平和に幸福に生きられるものであるから、自活能力は減退する、闘う能力がなくなる。多数の飼鼠の中へ一、二匹の野生鼠を入れると、追いまくられて抵抗する力もない。毒物細菌に対する抵抗力までが失われてしまい、自由な状況に於ける生存競争に耐えられなくなってしまう。

そうして気がついて、あらゆる福祉国家を研究してみると、やはり実験室の鼠と同じ悩みを露呈していることが分かった。つまり余り人工に過ぎて自然から離れて来ると、生命を救おうとして却って生命を弱めるようになる。

われわれは本当に生命を健全にするためには、今の様な、或は従来のようなやり方は根本的に反省しなければならない。そういうことが科学・哲学を通じて証明されたわけであります。

生命に富んだ学問をする

これは学問も食物も医薬も皆そうであります。人間は今迄折角作りあげた文明を皆亡ぼしてきておるのです。我々は食うにも、成る可《べ》く生命に富んだ、自然に近い食物を摂らねばならぬという事は、近頃では常識になって来ておるし、薬にしても、従来貴んで来た分析抽出された新薬なるものの弊害がだんだん著しくなることがわかって、もっと自然の薬を活用するという事がやかましく言われ出して参りました。

思想・学問もそうであります。今迄のような分析抽象の理法で、概念や形式的な論理というもので、理論を立てて行くやり方、学校では生徒は教科書や辞引や虎の巻というもので労せずして知識を受取る。人生の体験というものを別にして、論理の遊戯でとんでもない大きな問題を平気で取り扱う。こういう学問の仕方は生命にならない、行動力にもならない、実に危険であります。

もっと直観的な、もっと古人の生命を打込んだ古典、原典にとっくむといったやり方をしないと、本当の読書力、本当の哲学にはならない。こういうことがだんだんわかって参ったわけでありますが、然しこれはまだまだ先覚者や専門家の間に自覚されておるだけで、一般は益々大衆的になって、単に吸取り紙の様に受取るだけの傾向が強くなって行っております。

それだけにこういう傾向に満足しないで、本当に生きよう、本当に考えようと思うものは、本格の勉強をしなければならないわけであります。

古典や語録は何故学ばねばならぬか

言葉などもそうであります。われわれの生きた悟り、心に閃めく本当の智慧、或は力強い実戦力・行動力というようなものは、決してだらだらと概念や論理で説明された、長ったらしい文章などによって得られるものではない。体験と精神のこめられておる、極めて要約された片言隻句によって悟るのであり、又それを把握する事によって行動するのであります。

その意味で語録というものは古典の中でも特に尊いものであります。表面的には極めて統一のないように見えても、奥に入って参りますと、生きた統一・連絡が脈々として流れているのであります。出来てくればくる程下らない話をするものではありませぬ。必ず人に閃《ひら》めく力強い要約された言葉が出る筈であります。

そういう意味で感心するのは古来からの格言というものです。今日では生の食物や生薬を消化出来ないと同じ様に、諺や格言といったぴんと来る言葉をはっきりと摑《つか》む能力が衰えて、意味深い折角の名言を空しく曲解したり、浅解したり、或は全く誤解したりすることが実に多いのであります。

糠味噌女房と馬鹿殿様

その好い例として前にも申したと思いますが、糠味噌女房と馬鹿殿様という言葉、実にこれは名言であります。

馬鹿殿様というのはこれは決して軽蔑した言葉ではなくて、讃美の言葉でありま す。大勢の家来を包容してその上に坐って、これを統率して行く。こういう事は余程馬鹿にならぬことにはつとまるものではない。馬鹿殿様にしてはじめて名君たり得るのであります。

人間は利口になるよりも如何に馬鹿になれるかということが大事なので、『論語』にも「その知及ぶべし、その愚及ぶべからざるなり」と言っております。これはその馬鹿さ加減が話にならぬということではなくて、彼の賢い点は真似が出来るけれども、馬鹿っ振りに至っては到底真似が出来ぬという、孔子が愚の礼讃をしたのであります。

糠味噌女房にしてもその通りでありまして、もっとも気の利いた女房という正直な讃辞であります。

ご承知のように糠味噌というものは、冷たいもので始終ひっかきまわしておかないと、おいしい香の物は出来ない。そこでこの難しい、骨の折れる、おいしい香の物を食べさせてくれる、というのは余程気の利いた良い女房に違いないわけであります。

こういう人間味豊かな、体験を積んで把握した名言を、軽蔑罵倒の意味に使うに至っては実に情ないと申す外には言葉がないのであります。

「女房と畳は新しい程好い」のはなぜか

先日も友人の家の婚礼に招かれて、是非挨拶をしてくれとの依頼があったので、私はこういう祝詞を呈しました。それは、「女房と畳は新しい程好い」という諺があるが、どうかこれをよく憶えておいて下さいと前置きして、この言葉の説明をしたのです。

世の大抵の人はこの言葉を間違って解釈している。畳は綺麗好きな人なら年に一回位は取り換えるでしょうが、女房を年に一度ずつ取り換えるなどということは、どんな物好きな浮気な人間でも出来よう筈がない。しかし出来もしないことが諺になる理屈はないわけです。

実はこれは、畳そのものを考えれば解ることで、畳というものは本当に全部取り換えてしまうものでは決してないのです。表が汚くなると裏返す。それが出来なくなると表を取り換えるというだけのことで、肝腎の床は少しも変らない。つまり装《よそお》いを変えるに過ぎないわけであります。

女房も亦然《しか》りで、何年経っても新婚当時と同じような新鮮な瑞々《みずみず》しさを持っておる程よいということであります。それなら何年経っても夫婦は円満で幸福である。しかし世の女房共は結婚すると直ぐ世帯じみて、新鮮味もなにもあったものではない。朝起きても、頭に櫛も入れずにさんばら髪で、寝床から這い出したような恰好のままで、その辺をうろうろする。夜になったら洗いざらしてよれよれになった寝巻を着てもぐり込む。これでは面白くないのが当り前のことであります。

これは亭主にも言えることで、夜になると、如何にも生存競争に疲れ果てた恰好をして帰って来たり、そうかと思うと、酔いしれて、愚なるものの見本みたいな恰好で帰って来る。そうして朝になってもなんだかまだ薄ぼんやりして出かけて行く。これでは女房の方から言うと、亭主と畳は新鮮な程よいということになる。

然しまあ何といっても男の方は、毎日移り変わる激しい時代と社会との刺戟に鍛えられるから、まだ新鮮味を持ち易いが、女は古び易い。従って結婚して何年経っても新鮮さを失わない、ということは最も望ましい事であって、女房と畳は新しい程好いということはこういう意味であります。

こういう風に世間というものは大事な事を曲解・浅解・誤解しております。しかし後世に残っている名言というものは、実に意義のある生命のあるものが多いのでありまして、そのことを知って古典や語録を学ばなければならないのであります。

自分の立場に即して考え、行う

素位而行。無人不自得。居易俟命。樂亦在其中。
（位に素して行う。人、自得せざるなし。易に居て命を俟《ま》つ。楽しみ亦其の中に在り。）

素位而行、居易俟命は『中庸』にある言葉であります。人間というものは自分の立っておるその場に即して、そこから考え、そこから実践しなければ、結局それは所謂足が地を離れて抽象的になり、空論になってしまう。処《ところ》が自分の立場、自分の存在に自信のないもの程、その立場から遊離し易く空想し易い。本当に思索し、本当に行動しようと思えば、依って立つ足下に注意しなければならぬ。自分の依って立つ場に基づいて、その上で行ってゆかなければならない。

『中庸』には「富貴に素しては富貴に行い、貧賤に素しては貧賤に行い、夷狄《いてき》に素しては夷狄に行い、患難《かんなん》に素しては患難に行う。君子入るとして自得せざるはなし」といっております。山鹿素行の素行はここから出ているのであります。

兎角人間というものは、自分の素質、能力、立場、そういった実存というものを離れて、何かユートピアといったものを心に画《えが》いて、空虚な存在に自分を持って行ってしまう。そうすることが結局自分の生活を難しくしてしまうのであります。

だから自分の素質、能力、及び実存に即してやって行けば自然であり、自然は無限の造化であるから、自ら運命が開けて行くのであります。

それが「易に居《い》って命《めい》を俟《ま》つ」ということ。そうすれば自らそこに楽しみが生じて来る。わざわざ造化、自然の理法に反して空想的な欲求を追うから、だんだん矛盾に苦しまなければならなくなってしまう。

国際的認識が足りない日本

大きな例を申しますと、今日の日本、自分の内外の地位や状態をよく知って、これに素して行えば、そう煩悶《はんもん》することもないわけですが、どうも今の日本には国際的認識がなさ過ぎる。ソ連や中共は何を企図しているか、アメリカはどういう考えをし、どういう行動をしているか、こういったことを全然把握しないで、抽象的に空論的に考えるから、直ぐ闘争とか中立だとかを口にするようになる。

今年の正月に、あのおとなしいジョージ・ケナンが、世界で最も権威ある外交雑誌に投稿して、堂々とフルシチョフを論駁《ろんばく》しております。

ソ連は自分の国を平和の一手販売のように言い、アメリカを帝国主義・侵略主義の親玉のように言うけれども、一体平和というものを抽象的にいってなんの意義があるか。このことは已《すで》にレーニンが十分論じていること、そんなものは現実的には空論に過ぎない。

内容のある平和とは、それがどういう条件のものであり、誰のための平和であるか、われわれがその平和を得るためにどういう代償を払わねばならぬか、こういうことを明かにしてはじめて平和に意義がある。

同じ平和といっても、本当に国民が自由と幸福とを享受することの出来る平和もあれば、国民が奴隷化することによってはじめて得られる平和もある。本当に平和共存しようと思えば、お互いもっと敬意と善意とを以て協議しなければならない。こういうことを堂々と論じております。

今の日本も現実に即して考えれば、容易に平和という言葉は口に出ない筈でありましょう。この変転極まりない謀略・宣伝の渦巻く国際関係の中にあって、国民が本当に協心戮力《りくりょく》して国家の自立を計って行ってこそ、はじめて平和を具体的に論じることが出来る。国内が二つにも三つにも分裂し闘争しながら、平和平和といってもお話にならない。

こういうように兎角遊離し易い。わざわざ問題を難しくし易い。人間はどうも実際から離れ、殊更《ことさら》問題を難しくして、難きについて命に逆う。居易俟命の反対です。居易は白楽天の名前ですが、ここからとったのであります。易に居ってはじめて天を楽しむことが出来るというので、又楽天という名前をつけて白楽天であります。

体を明らかにしなければ用をなさない

豊倹依乎中和。無諂無驕。是非楯乎天理。何憂何懼。
(豊倹は中和に依る。諂《へつら》う無く驕《おご》る無し。是れ天理に楯《たて》するに非《あら》ず。何ぞ憂えん何ぞ懼《おそ》れん。)

生活が豊かである、或は生活をつづまやかにするという豊倹、これは中和による。色々の矛盾を調理して、これを少しでも進めて行くのが中であり、和はあらゆる対立するものの統一・調和である。

諂《へつら》う事もなければ驕《おご》ることもない、道に随って自然である。われわれの是とする批判というものも、評価というものも天理に従う。そうすれば憂えることも懼《おそ》れることもない。

問題は何が中和であり、何が天理であるかということでありますが、これは経験と叡智によって決する他はない。結局それは良き師、良き友を得て、又従って聖賢の書を読むことであります。


読聖賢書。明体達用。行仁義事。致遠經方。

(聖賢の書を読みて体を明らかにし用を達す。仁義の事を行い、致遠し〈遠きを致《きわ》め〉、経方す〈方を経《ただ》す〉。)


明体達用の体は、部分に対する全体、及び附属的なるものに対する本質的なるもの、即ち本体。これをすべて体というのであります。

例えば最近やかましく言われている安保改定の問題にしても、これを改定してそれからどうするかというのが用。それは何故必要か、如何なる内容にすべきかという本質の問題が体であります。

つまり日本はこの国際情勢の中に於て如何なる立場にあるか、これを明らかにしなければ、反対だ賛成だと言っても結局それは空論に過ぎないのであります。

それでは一体日本は今どういう立場にあるかと申しますと、やはりそのためには、少くとも終戦の時にまで遡《さかのぼ》って考えなければならないのであります。

ご承知のように終戦時ソ連は北海道に侵入しようとし、それに失敗すると、今度は憲法を変えて、天皇制を廃棄しようとしました。アメリカが朝鮮から撤退すると、直ぐソ連は中共を使って、自らの手で作り上げた北鮮の共産政権によって南鮮を侵略しました。あの時若《も》し成功すれば、日本に上陸する予定であったことは明瞭であります。

その後もソ連や中共は常に侵略的で、公然と内政に干渉し、その走狗《そうく》である各種団体をつくって、これ等を指揮動員して日本の内部崩潰を着々と進めておるのであります。又南鮮や、台湾の状態等を考えてくると、日本はどうしても国防というものを等閑《とうかん》に附することが出来ない。

これは厳然たる事実であり、天理であります。この体を明らかにしなければ用をなさないわけであります。これが明体達用であります。

これを別な言葉で言うと、仁義の事を行うということであります。仁とは、造化・大自然・天が万物を生成化育する様に、人間があらゆるものを包容して、これを育成してゆくことで、その具体的実践が義であります。

私心私欲を去って、自他の存在世界を発展・育成してゆくという、この仁義の事を行うことによって、はじめて致遠《ちえん》、即ち進歩もあれば、経方、即ち調和もあるのであって、これは家庭も社会も国家も皆同じことであります。

恩を知る

一生在君父恩中。用何報稱。百事看兒孫分上。勤且寛容。
（一生、君父の恩中に在り。何の報称を用いん。百事、児孫の分上を看る。勤且つ寛容たるべし。）

自分というものは決して単独に、偶然に、歴史や伝統と無関係にあるのではない。それは自分を支配し指導してくれた君父の恩の中にあるのである。だから自分が何をするにしても、どういう報いがあるかとか、どういうおほめに与かるかなどということは問題ではない。ただ恩返しのためにするのである。

人を檻の中に入れると「囚」になるが、大きくなっておれるのが「因」である。これは誰れのお蔭によるかと気がつく心、これが「恩」であります。然し大抵の人間はこれを忘れて、自分で大きくなったように考える。そういう大の字にちょっと耳をつけると「犬」になる。だから恩を知らぬ人間は犬畜生に劣るというのであります。

本当にわれわれの存在というものは、究明すればするほど種々のお蔭によって在る。天地のお蔭、国家や社会のお蔭、親や師友のお蔭。この計り知ることの出来ないお蔭をしみじみと感じとり認識する、これが所謂「恩を知る」ということであります。そこではじめて理性や感情を持った人間になるのであります。

百事児孫《じえん》の分上を看る。自分の今日の存在・考え・行為が将来どうなってゆくか、という事は児孫をみればよい。恰《あたか》もそれはわれわれの祖先の生活や努力が今日の自分を生んでいる如く、必ず児孫に現われて来るものである。

児孫の受取り、分け前が分であります。だから百事、自分の現在のすべての問題は、将来児孫にどういう影響を与えるかということを考えて、行ってゆかねばならぬ。

従ってその意味から、子供は出来るだけ進歩向上させるように勧めなければならないのであるが、自分自身でさえ思うことの百分の一も万分の一も出来ないのであるから、勧めて大いに激励はするけれども、やはり寛容でなければならない。実際そうでありまして、厳し過ぎると親子の間が疎隔する。親子が疎隔するくらい悪いことはない、とあのやかましい孟子が論じている。

そこで聖人も子を代えて教う、成人と雖も自分の子供はとり代えて、他の人に仕込んで貰う。これが教育というものの起こった所以であります。

虚無の上に立つ

口不含半粒。体不掛寸絲。來時如此而已。夜臥止八尺。日食止一升。身外何所用焉。

(口には半粒も含まず、体には寸糸も掛けず。来る時此《かく》の如きのみ。夜臥《やが》は八尺に止まり、日食は一升に止まる。身外、何の用いる所あらん。)

生れる時に何を食べて来たか、何を着て来たか、皆裸で生れて来たではないか。夜寝るのにいくら身体が大きいからといって、八尺の布団（日本では六尺）があればよい。一日にどれ程食べようが、たかだか一升に過ぎない。

自身のこの身体、この外になにがあるか。裸で生れて来たことを考えよ。夜臥《やが》を少し長くすれば大自然に帰する、即ち死ぬことになる。死ぬ時に一体何を食い何を着るのか。寝床に五十坪も百坪も要りはしない。一石も百石も食うわけではあるまい。その他はみな欲である。

こういう無欲というか、一種の虚無主義は人生に大事なものであります。この思想は仏教や老荘の教えばかりでなく、最も現実を処理するに厳格な孔孟の教えの中にも含まれております。この虚無はあらゆる東洋の民族哲学、民族思惟に通じるものであって、その上に立って人情の自然に基づく政治・経済・道徳・教育をやってゆく。ここに西洋に見られない自然さがあるわけであります。

大自然というものは、小さく限定されたいじましいものではなくて、悠々迫らず、常に限り無く想像変化して已《や》まぬ。そして常に無限であります、所謂「無」であります。そういう人格をつくり上げる。

権力や名誉等に執着したり動かされたりすることなく、しかもそれを否定せずに悠然として自然にまかせてゆく。已むを得なければ大臣にも宰相にもなるが、時来たれば悠然として去る。そして去るにも留まるにも少しも煩悩や欲望の跡がない。こういう事を出所進退と申すのであります。

これは東洋の哲人の立派なところで、こういう学問を少しすれば、李承晩などもあんな馬鹿な破滅を招かずにすんだと思います。勿論下のものが悪かったということも出来ますが、しかしそれは自己の不明の致すところで、誠があればそうはならなかった筈であります。

結局天の如く空しく、神の如く無欲なところから出発して、衣食し、生活し、活動し、自然に地位につき、自然に富を得、自然に富を散じ、自然に地位を去る。これが所謂素行であり、居易俟命であります。

健康と養生の違い

醇醪《じゅんりょう》百斛難比一味太和湯。良薬千包不如半服清涼散。

（醇醪百斛、一味の大和湯に比べ難し。良薬千包、半服の清涼散に如かず。）

醇醪百斛、濃い酒百石、いくら飲んで元気をつけようとしても、酒のつけ元気はなんにもならない。例えば一味の太和湯《たいわとう》（注・酒の異名）に如かない。一味の太和湯、即ち精神が極めて円満和平なこと。千包の良薬を飲むよりは、ちょっとしたすうっとした気持になった方が良い。

こういうことを言うと、何か格言や教訓位にしか思わないのが今日のインテリの通弊《つうへい》ですが、自然科学はだんだんこの通りであることを実証するようになって参りました。「病は気から」ということを近代医学は立派に証明するようになって来ております。

われわれの存在を如何にして太和湯《たいわとう》にするか、これが健康の一番の本体でありま す。アメリカの社会学者チェスタートンは面白いことを言っております。「従来の医者は大きな誤りを教えている。それは健康と養生を同一視させるようにしてしまったことである。然しそれは間違いで、健康は不養生と同一である。何となれば健康である程無意識である。養生は不健康であるからするのである。だから不健康が養生と結びつく。

健康は無意識、つまり平気、向う見ずとつらなる。だから真に健康を欲すれば、われわれは出来るだけ平気で、向う見ずでなければならない。絶えず養生に注意して、薬を飲み、医者にかゝり、手当をしなければ身体が保てない、という様になればだんだん弱くなる。

だから医者の本当の目的・理想は、人間に養生を教えることではなくて、健康にすることである。医者の要らなくなるようにするのが医者の一番の理想でなければならぬ」と。これは東洋医学から言えば当り前のことであります。

大乱の気配

朝廷大奸不可不攻。容大奸必乱天下。朋友小過不可不容。攻小過則無全人。
（朝廷の大奸は攻めざるべからず。大奸を容るれば必ず天下を乱す。朋友の小過は容れざるべからず。小過を攻むれば則ち全人無し。）

この通りであります。今の日本には大奸《だいかん》がおる。これを攻めようと思うと、八方手をつくして防衛するばかりか、遂にこっちがやられる。そこにどうも日本に大乱が起こりそうな気がするのであります。

ソ連や中共のやり方を見るとつくづくそう思います。アメリカの飛行機がちょっと上空を侵犯したからといって、これをロケットで一発の下に撃落した上に、言を極めてアメリカを罵倒し、戦略ロケット部隊をつくって、一瞬にして反撃は可能であるなどと宣言したりする。

そのソ連の飛行機がしょっちゅう日本の上空に飛んで来ては、房総半島くらい迄偵察して帰ってゆく。殆《ほと》んど定期的にやって来るので東京急行という字《あだな》さえついている。自分達のやっておることは一切棚にあげて、相手を曲解宣伝するのですから平和主義も友好主義もあったものではない。

こういう大奸に迎合する小奸が沢山おるのは誠に困ったことで、これを許しておくと必ず天下を乱る。これは時の問題で、如何にしてこれを未然に防ぐか、或は防ぎ得ないで一応大混乱に陥って、その中から辛うじて日本を救い出すか、或は又誤って終に回復すべからざる日本に立ち至らせるか、わが国は今その瀬戸際にあるのであります。

處家庭難較量是非曲直。盡人事聴主張徳怨恩讐。

（家庭に処しては是非曲直を較量し難し。人事を尽くしては徳怨恩讐を主張するに聴《まか》す。）

朝廷の大奸は攻めざるべからずでありますが、家庭の中では、是非曲直を較べ量るということはなかなか難しい。人事を尽して、人間としての為すべき事を尽して、そうしてそれが徳になるか、怨になるか、恩になるか、讐《しゅう》になるか、これは主張するにまかす。余り批判をはっきりしない。

家庭は情の世界であって、理の世界ではない。理は中に含まれている。それが情緒的に現われなければいけない。余り是非曲直を比較せずに、自然にしておく方が宜しい。そうして有難がる処は有難がらせる、怨むところは怨ませる。恩讐を主張するにまかせて、やかましく言わない。自然に春風春水の如くやってゆくのが家庭であります。

随波逐浪

事勢已成敗局。就該撇下。留在心中。越添愁悶。機縁未有頭緒。當聴自然。强去營爲多貽後悔。

(事勢已に敗局を成す。就《すなわ》ち撇下《へいげ》すべし。留めて心中に在れば愁悶を越添す。機縁いまだ頭緒有らざれば、まさに自然に聴《まか》すべし。強去営為〈強いて営為すれば〉、後悔を貽《のこ》すこと多し。)

事勢已に敗局を成す、もう駄目だということになったならば、一っぺんそれをおっぽり出してしまうのが宜しい。「該」は must 或は should で、「可」という字です。どうせ駄目なものなら、悶《もだ》えておっても仕方がないから、これは成行きにまかせてうまくやるより外にはない。

禅家の言葉で言えば「随波逐浪《ずいはちくろう》」ということです。波をつき切ろうとするからへとへとになってしまうので、波にのっかりながら、波の通りに逐《お》っかけてゆけば疲れない。敗局を成した時にはそれを一っぺんおっぽり出して、そうして形勢に乗じてうまく逐浪すれば良い。くよくよすれば益々どうにもならなくなる。

同様に機縁というものは、まだつかまえる端がなくて、よくわからない時には、これもあせってはいけない。なんとか手練手管でやろうと無理にするとよく後悔をのこす。自然にまかせておくのが良い。

だから何事によらず無心で、そうして感覚・直覚力を鋭敏にして、その時の勢、問題の性質にうまく随波逐浪してゆくのが良いのであります。

相と運と学

知の段階

考えてみると、この先哲講座はあの終戦後の混乱の最中、世の中がもうそんな道を聞こう、学を講じよう、というような気分の全然ない時に、青年有志の熱烈な求道心に私も大いに共鳴して、ずうっと講義を続けて参ったものでありますが、もう何年になるか、随分と長く続いて参りました。

その間、明治天皇の御愛読になった『宋名臣言行録』を読み、『易』や『史記』を講じ、或は『老子』を講じて参りましたが、この辺であいの手に、皆さんとしてはとんでもないと思われるかも知れませぬが、今回は袁柳荘《えんりゅうそう》の相書《そうしょ》を使って「相と運と学」という題でお話したいと存じます。大分恐れをなしておる人があるようですが、意地の悪いことは申さぬ心算でありますから、皆さんも気楽にお聞き願いたいと思います。

一体学問や学理というものには、抽象的理論というものが必須不可欠のものである。然し抽象的思惟だけではどうしても具体的実践に力が弱いのでありまして、抽象的思惟には必ず具体的実践が伴わなければならない。そこで学問にも、抽象的思惟を主とする学問と、具体的行為、実践の有力な裏付になる学問の両方があるわけであります。

近頃は西洋に於ても、人間の生活・存在に関する学問は、抽象的思惟からだんだん具体的な直観に深く入ってゆかねばならぬ、ということが要請されるようになって参りましたが、その点、特に東洋の学問は力があり、価値がある。自然科学はもっとも純粋な抽象理論の上に立つものであるが、それだけに応用・実験を重んじて、その学理を根柢に実現に勉めているわけであります。

これは人間の脳をとって考えてみても同じことであります。人間の脳は他の動物のそれと違って、生れ落ちると同時に必要な細胞はすべて具《そな》わっております。そしてその脳には大脳皮質というものがあって、本能的意欲・感情・直覚といった働きを司っている。

それがだんだん成長するに従って、その上に新しい皮質が出来てくる。これが抽象的思惟だとか、判断だとか言った様な高次元の働きを生ずる。従来の精神科学者はこういう風に考えておったわけであります。

処が最近では脳生理学などがもっと進歩致しまして、その判明したところによると、大脳皮質がだんだん発達して、洗練・訓練されるというと、今度は古い皮質と新しい皮質が統一されて、抽象的思惟・判断・論理的思想が本能的感情・直覚と一緒になって、ダイナミックな、深遠な直観や無意識の動力になる。こういうことがだんだん承認されるようになって参りました。

然しこれはなにも新しいことではないので、東洋では昔から言っておることであります。西洋でも宗教的学者、哲学者の中でも神秘派に属する人達はやはりそういう見解を持っております。

例えば、われわれが学校勉強をやるような、単に本を読んだり、暗記したりするような知性の働きのことを Cogitation と言う。所謂抽象的思惟だとか、概念的論理などというものは専《もっぱ》らこれに依るのでありますが、しかし、これは脳の働きとしては極めて機械的な働きである。

これがもっと練られて性命的になって来ると Meditation となる。この方がはるかに深い知力である。学校の秀才必ずしも、否、むしろ社会に於て破れたり嫌がられたりするものが多い。これはコジテイトが出来ても、メジテイトが出来ないからであります。これが更に発達すると Contemplation になる。

これをドイツ流に申しますと、Cogitation に当るものが Arbeitswissen「労働知」。こういう機械的な頭の働きでは人生は分からない。もっと建設的な力が必要だと言うので Bildungswissen「形成知」と申します。

しかしこれでもまだ至らない。更に本能や感情を統一して、世俗を脱け出たものになると、Erloezungswissen「解脱知」。これが一番尊いのだというので Heilswissen「聖知」と申しております。これはマックス・シェーラーが言っておることです。

学はその人の相となり運となる

われわれの思想や学問というものは、理屈っぽいといった段階から、やはり直観的になって来て、物自体を動かす動的な力、つまり感化力のあるものになって来なければならない。そうなるとだんだん具体化して来なければならない。

本に書いてあるのではなくて、その人の顔に書いてある。それこそ一挙手一投足、一言一行に現われるようになって来なければならない。その人の人相、その人の人格、或は言動や思想・学問が別々になっておる間はまだまだ中途半端である。

西洋でも近頃はそういう傾向が強くなって、真理・哲学が身になる、Embody「体現」ということが尊重されるようになって参りました。或はこれを Incarnate と申します。

つまり真理・学問というものは、その人の相とならねばならぬということであります。それが動いて行動になる、生活になる、社会生活になる。これを運と言う。

そうしてこそはじめて本当の学であります。

学はその人の相となり運となる。それが更にその人の学を深める。相と運と学とが無限に相待って発達する。つまり本当に自己を実現する。

一言にして言えば、近頃西洋の思想・学問でしきりに論ぜられておる Self-realization であります。今日の社会情勢の悪い点の一つは、その自分というものを棚に上げて、或は自分というものを除けものにしておいて、他人のことばかり言う。これではいけない、すべて己れに反《かえ》って、自己を実現してゆかねばならぬ、と深刻に反省され、考究されるようになって来ておるのであります。

然し Self-realization ということになりますと、日本人などは昔からそれで教えられ、鍛えられて来たのであります。

白隠《はくいん》禅師の師僧《しそう》は有名な信州飯山の正受老人《しょうじゅろうじん》でありますが、この正受老人についてこういう面白い話があります。

或る日一人の僧侶が自作の仏像を持って、その開眼《かいげん》を頼みに来た。当時は所謂像《ぞう》法《ほう》の盛んな時代で、僧侶の中にも仏像彫刻を自慢にする輩《やから》が多かった。依頼に来た僧侶もそういう一人であったわけですが、さて、頼まれた正受老人はしみじみと僧侶を眺めて、「仏像を彫るよりもなあ、お前の面をもう少しなんとかせんか」と言われた。

面はわれわれの相であり、相とは自己実現のもの。如何に抽象的理論をうまく言っても、高遠なことを言っても、もっとも具体的な人間そのもの、その表現であるところの相、それは見る人から見れば、直ぐ分かるのであって、その面構えが悪かったら、いくら立派な仏像彫刻を作ったところで、大したことではない。この一言骨身にこたえるものがあります。

いつかもお話ししましたが、嘗《か》つてドイツに行って、ベルリン大学で話をしておったところ、医科大学で東洋の人相の書物を集めておることを聞き、興味を持っていろいろ調べて貰ったら、皮膚科で集めていると言う。で、その理由を聞くと、人間の皮膚というものは、生きたもので、特に顔面皮膚はもっとも鋭敏で、体内のあらゆる機能が悉《ことごと》く顔面に集中しておる、所謂面皮というものに集中しておるという。こういうことがみな東洋の人相の書物に出ておるので、集めているのだと言う。真理はどこから研究しても同じところに到達するので、われわれも相を重んじなければならないのであります。

学問は心相一如

さて、その相にもいろいろありますが、例えば頭とか目、鼻とかに現われる相は形相、これは外観的・表面的なもので、静止的な相であります。然し人間は動物であるから、この相は動いて来る。動くというと、歩く相、坐する相、怒る相、笑う相、泣く相、食う相、とそれこそ千差万別すべてに相が現われて来るのであります。

従って抽象的・内面的な学問をして、内から修めてゆくことももとより必要であるが、その Self-realize であるところの学問・修養をして、外から修める、形から入ってゆくということも亦適当有効な方法である、ということは確かであります。処が日本人の一つの誤まれる常識は、学問・修養というと直ぐ心に結びつけて、形を無視する傾向がある。又反対に形を重んずる人間は、心を忘れる傾向がある。そのもっとも甚だしきものが所謂相者、人相見。これは相は見るが、皮相に見て心を問わない。皮相は心の相であることを忘れている。本当の学問は心相一如でなければならない。そういう意味で相学というものは大切なものであります。

袁柳荘の相書

まあ、こういう風に相は実に深刻なものでありますが、その一例として、興味深いものの一つに袁柳荘の相書があります。

袁柳荘については以前にもお話したことがありますが、その時は人物と閲歴だけで、相までは入りませんでした。これは面白い閲歴の人で、明の三代目の成祖（世に永楽大帝と言う）を輔弼《ほひつ》した人であります。

永楽大帝は太祖の四番目の王子で、燕に封ぜられておったので燕王棣と言われた。一番目の王子が若死したのでその子、つまり太祖の孫が第二世となり、これが建文皇帝。永楽大帝はその叔父で後に第三代目となるわけであります。

この永楽大帝の革命は史上類のない特色を持っておりますが、その一つに三人の変った人物が参画しておることであります。袁珙《こう》は相を見ることの大家であり、道衍《えん》はお坊さん、金忠は占者であった。この三人がおったので、革命が成功したのであります。

この模様が明史に実にドラマチックに描かれておりますが、それはさておき、この袁珙と言う人は、太陽を仰いで、目が眩んだところで暗室に入り、人を相すると、それこそ百発百中したという。

この息子が親父の遺著と称して作ったのが『袁柳荘相書』であります。いろいろと議論もありますが、兎に角面白い。こういう相の書物を読むと、俗に言う人相などというものは問題にならない。俗眼より見た人相と、道眼より見た人相とはまるで違うのであります。では早速読むことに致します。

凡《およ》男人有五十四貴《き》・七十二賤《せん》・六十刑孤《けいこ》。女人有七賢・五徳・十一好処《こうしょ》・七十二賤・六十刑孤。

凡そ男には五十四の貴い相、七十二の賤しい相、又六十の人間を孤独にしたり、又そむかせたり、世の中から罰せられたりする相がある。

又女人に七貴・五徳・十一好処・七十二賤・六十刑孤という。これを一々説いておったら始末が悪い。それこそ痛かったり痒かったりで、大へんであります。

行相――歩き方

行欲正直昂然。不可偏歪曲屈。歩欲潤。頭欲直。腰欲硬。脳欲昂。凡偏体・搖頭・蛇行・雀竄・牛腰折・項歪不好。

「行は正直昂然《こうぜん》たらんことを欲す」――正しく真っ直ぐで、昂然と、つまり上向きに歩く。昂然はエネルギーが発揚している様で、悄然《しょうぜん》とした歩き方は好くない。

「偏歪曲屈《へんわいきょくくつ》すべからず」——偏ったり歪んだり、曲ったりかがまったりしてはいけない。

「歩は潤《ひろ》からんことを欲す」——潤歩する。ちょこちょこと歩かない。

「頭は直《ちょく》ならんことを欲す」——頭は垂直になっていなければならない。

「腰は硬《こう》ならんことを欲す」——硬はこわばるではない。この場合はぴたりときまることで、ふらふらしていない。

「脳は昂《こう》ならんことを欲す」——脳は特に発揚するものがなければいけない。頭は形、脳は内容。よく試験の前の晩などになると、頭をかしげて、脳を屈して勉強するが、ああいう勉強の仕方は駄目であります。頭を上げて、屈せずに朗《ほが》らかに勉強しなければ、脳は生きて来ない。

「凡《およ》そ偏体《へんたい》・揺頭《ようとう》・蛇行《だこう》・雀竄《じゃくそ》・腰折《ようせつ》・項歪《こうわい》は好《よ》からず」——身体を傾けたり、始終首を振ったり、じぐざぐに歩いたりするのは好くない。自信のないところに行くと、大ていの人間は蛇行する。お茶の修業などでよくそれを教える。真っ直ぐに歩けるように、よく畳のへりを中心にして稽古させるものです。しかし真っ直ぐには進めても、真っ直ぐに後に退がることはもっと難しい。自動車でもバックは嫌がるものであります。

又、雀や鼠のように、ちょこちょこと歩いたり、ぴょんぴょんと歩いたりするのは好くない。特にこれは婦人に多い。腰折、項歪、腰を折って、うなじの曲ったのも好くない。一々もっともなことばかりであります。

坐相――坐り方

坐欲端嚴。坐如丘山。欲肩円・項正・体平・起坐縵。若是體搖足動者賤。

「坐《ざ》は端厳《たんげん》ならんことを欲す」――先づ端厳でなければいけない。

次には「坐は丘山《きゅうざん》の如し」――丘や山の坐っておるように落ちついておる。

さて、その次には「肩《かた》は円《えん》・項《うなじ》は正《せい》・体《たい》は平《へい》・起坐《きざ》は縵《まん》」――肩はふっくらと、首は真っ直ぐに、体は平らかで、起ったり坐ったりするのが、ゆったりとして、ぎっくしゃくしておるのはいけない。

「若《も》し是《こ》れ体揺《たいゆら》ぎ足動く者は賤《せん》なり」――体をぐらぐらさせ、足を動かすのはよくない。

世間にはよくあります。今日もこちらに参る途中の飛行機の中で見ておると、隣に坐っておった三人連れが、足をあっちへやったりこっちへやったり始終動かしている。ひどいのはドタ靴を頭より高いところへ上げて、それこそのべつ幕なしにもぞもぞと体を動かしておる。こういう人間は賤人《せんじん》に属する。名士であろうが重役であろうが、人間そのものは賤しい。

「肩は円く」とありますが、肩は円くなければいけない。いかっているのは空威張り・痩《やせ》我慢の相。又そげ落ちて、羽織がずり落ちそうな肩のないのもいけない。こういう肩は美人に多いのですが、所謂薄命の相の一つに入るわけであります。

然しふっくらと円からんことを欲すと言っても、これはおだやかな肩ぶとりを言うことで、でぶでぶ肥えておるのはいけない。痩せておっても、線がなだらかで、どこかふっくらしておればよい。これを円相と言う。角張ったり、でこぼこしておるのは好くない。

円相・平相・厚相がよい。薄相・曲相・尖相《せんそう》になってはいけない。これは声などでも同じことで、円くて平らかで厚みのあるのはよいが、金切り声だとか、きいきい声だとか、しわがれ声はいけない。

食　相——食べ方

食欲開大合小。猴飡鼠飡不足道。項伸如馬一世辛勤。

「食は開くこと大にして合うこと小ならんことを欲す」——口は大きく開き、小さく結び合する。つまり閉めておる時には小さく、開けば大きく開く口がよい。開きっ放しの口はいけない。

「猴飡《こうさん》・鼠飡《そさん》いうに足らず」——猿が物を食っておるのを見ていると、唇を動かし、歯をむき出して特別の食べ方をする。無闇に口をもぐもぐさせて食べる人がありますが、こういうのは猿食いと言う。鼠飡は、鼠がぱりぱり噛るような食べ方、つまみ食いなどする時によくこれをやる。

「項伸《うなじ》ぶること馬の如きは一世辛勤《いっせいしんきん》す」――馬が飼料を貰う時は、首を突き出して、食物の方へ首を持ってゆく。これを馬食と言う。こういう食べ方をする人間は一生苦労をする、貧乏する。

以前インドの山中で二、三才と五、六才の二人の子供が探検隊によって発見されたことがあります。これは狼に育てられた珍しい例で、夜間目が見えて、四つ足で歩く。なにか向うから来ると、すばやく音を聞いて唸《うな》る。物を与えると、犬や猫と同じような食い方をする。それを苦心惨憺《さんたん》して育てたところ、小さい方は間も無く亡くなったが、大きい方はしばらくの間育った。そうしてやっと立って歩く様になったが、人語は四十そこそこしか憶えなかったと言う事であります。

人間も動物化すると、そういう風になる。宴席などに坐っていると、名士や重役などと言われる相当な人の中にも、こういう食べ方をする人がかなりある。口を持ってゆく。戦時中でしたか、こういう食べ方をする大官名士に会ったことがありますが、この人、名士でありながら、一生苦労しております。

語相――話し方

聲音出於丹田。唇舌匀《いん》停・和緩不露歯爲妙。急焦亂泛者賤。

「声音は丹田《たんでん》より出づ」――咽《のど》から出たり、頭のてっぺんから出るような声はいけない。これは大事なことで、謡曲《ようきょく》なども端坐《たんざ》してはじめてできる。

「唇舌匀停《ぜつしんいんてい》」――の匀は整う、調和。停は止まる、落着いておる。唇と舌は整って落着いておらぬといけない、ということは声音が整っておらねばならぬと言うことであります。

「和緩歯《わかんは》を露《あら》わさざるを妙と為す」――和やかに緩やかに、ゆったりと歯をあらわさない。歯をむき出しにしたり、歯茎を余り出し過ぎるのはよくない。

「急焦乱泛《ぱん》なる者は賤《いや》し」――急はせかせか、焦はいらいら、乱はとりとめのない、泛は浮ぶで、つまりぺらぺらと他愛もないことを言いちらすこと。これは賤《いや》しい。

笑　相——笑い方

開口大哂可。不欲閉口無音。若似馬嘶猿喚者不可。

「口を開いて大いに哂《わら》うは可」——哂《しん》は元来はにっこりと微笑すること。兎に角笑う時には大いに笑うのがよい。

「口を閉じて音無きを欲せず」——うっふふというような音のない笑い方はよくない。

「馬嘶猿喚《ばせいえんかん》に似たる若き者は不可」——ひひーんと馬の嘶《いなな》くような笑い方、きゃっきゃっと猿の喚《さけ》ぶ様な笑い方、こういう笑い方はよくない。本当にきゃっきゃっと猿のような笑い方をする人がおる。こういう人は心情がよくない証拠であります。相学を深く研究すると、恥づかしくって、それこそ面を上げて歩けない。

女人七賢——賢女の七要素

行歩周正。面圓體厚。五官倶正。三停倶配。容貌嚴整。不泛言語。坐眠倶正。

賢女と言われるものに、観察される七つの要素がある。

「行歩周正《こうほしゅうせい》」――周はあまねしで円と同じ。まるみがあって正しい。

「面円《おもまる》く体厚《からだあつ》し」――薄相とはどんな美人でも薄命であります。

「五官倶《ごかんとも》に正し」――五官みな正しくそろっている。

「三停倶《さんていとも》に配す」――停はとどまる、つまり釣合いのとれておること。人間の顔は、眉毛から上を上停、鼻の下から頤《おとがい》までが下停、その中間を中停と言う。この三停の釣合いがとれていなければいけない。額が豊かなれば、頤も豊かでなければならぬ。兎に角、釣合うということが大事であります。


美人薄命の原因の一つは、頤が細くなって、卵を逆にした形になるからであります。大体上停は初年、中停は中年、下停は晩年を表わすから、おとがいが細いということは、晩年が寂しいということで、逆に下が豊かということは、晩年の豊かなことを表わしておる。その方が福が多い。そこで下ぶくれの女のことをお多福と言う。女房はお多福に限るのであります。

然し、そのお多福も円相・厚相でなければいけない。だから同じ美人でも俗眼の美人とは違う。お茶屋などに行って出て来る美人芸者などは、成る程俗眼に言う美人には違いないが、相学上の眼からは欠陥のあるものが多い。ああこの欠陥はいかぬなあと思うと、いかな美人も興味がなくなってしまう。

「容貌厳整」、「言語を泛《みだり》にせず」——くだらぬことをぺらぺらしゃべらない。言葉は少なめに、しっかりした言い方をする。

「坐《ざ》眠《みん》倶《とも》に正し」——坐相は自分にも分かるが、眠相はちょっと調べようがない。おっ母さんや友達に見て貰えば宜しい。

こういうことが七つの勝れた条件、これが整っておれば女房にして差支えないのであります。

女人五徳——賢女に備わる五つの徳

平素不與人爭競。苦難中無怨言。節飲食。聞事不驚喜。能尊敬。

「平素人と争競せず」――普段人と競争しない。婦人はなにかと較べたがるが、これはいけない。

「苦難中怨言無し」《くなんちゅうえんげんなし》――苦しみや難儀の中にあって怨み言を言わない。世の亭主族のもっとも大きな打撃は、苦難の際に妻子から怨言を聞かされることです。

亡くなった湯浅倉平さんの奥さんは賢妻で名の通った人でありますが、湯浅さんがまだ若い時、辞表をたたきつけて家に帰ったら、奥さんが玄関に出迎えた。湯浅さんはぶりぶりして「今日は辞表を出して来たよ」と言ったところ、奥さんはにこにこと「そうですか、それでは又釣りが出来ますね」と応えたという。

湯浅さんは魚釣りが大好きであった。余程この言葉が嬉しかったと見えて、一生自慢にしておりました。

処がこれと全く逆の話が私の友人にある。喧嘩っ早いが、なかなかの快男児であった。奥さんは美人で才女であったが、心の修養が足らぬと言うか、兎に角始終喧嘩ばかりしておった。

喧嘩をするというのは、双方共に修養が出来ていなかったわけでありますが、或る時、丁度地方長官の時でしたが、次官と喧嘩をして、辞表をたたきつけて家に帰って来た。玄関で「おい、今日は辞表をたたきつけて来たぞ」と言った時に、奥さんの応えた言葉が「言わんこっちゃない。あんたは頑固だから、いつかはきっとこういうことになると思っていた。これから先一体どうするんですか」と。

この時の女房の言葉くらい癪《しゃく》にさわったことがなかったそうでありますが、とうとう別れてしまいました。これでは誰れだって怒ります。第一永年連れ添うた俺を知らぬかということになる。苦難中に怨言《えんげん》がないということ、特にこれは女に必要なことであります。

「飲食を節す」――男でも飲食を節する事は、もとより健康にも必要であり、又修養にも必要なことであります。暴飲暴食、飲食にきたないことくらい、健康をきずつけ、徳をきずつけることはない。

徳川時代の観相の大家に水野南北と言う人がありますが、飲食を戒めております。つまみ食いや間食をする女は女房にはよくない。特におっ母さんは注意せよ。間食やつまみ食いをしない家の娘は必ず躾《しつけ》が良い。

飲食は成る可く三度の食事の時にやる。「勿体ない」と言ってわざわざ食う人間がおるか、それこそ食う方が勿体ない。

「事を聞いて驚喜《きようき》せず」——喜ぶ事は好い。然し驚喜しない。とんきょうな声を立てて嬉しがる人がおりますが、こういう人は軽率・軽薄であります。

「能《よ》く尊敬す」——委《くわ》しく論ずれば、この三文字で堂々たる道徳学・倫理学になる。例えば宗教、道徳とは何ぞや。人間の徳の根本的なものは敬するということ、と同時に恥づるということでありまして、人は敬するという心があってはじめて進歩向上し、恥づるという心があって自ら律し、又警《いま》しめる。この恥づる心が発展して道徳になり、敬する心が発展して宗教になる。

然し恥づるということは、人間誰れも保っておる徳であるが、少し偉くなると、敬することを知らぬようになる。所謂不敬になる。人を卑しめる、侮《あなど》る。なんとか言うとけちをつけたがる。よく尊敬することを知る女、それの出来る女は立派な女であります。

貴　体——体つき

臍深・腹厚・腰正・體堅・爲錦腸夫人・男人亦然。

近頃臍《へそ》（ほぞ）というものが、特に西洋医学に於て論ぜられるようになって参りましたが、東洋医学では昔からこれを大切に論じておるのであります。

「臍深く」——大体臍は深くなくてはいけない。出臍はよくないのであります。

「腹厚く」、「腰正に」——腹も厚くなければいけないし、腰も正しく坐っておらねばならぬ。

「体堅く」——体もしっかりとしまっておらねばならぬ。

こういう女を「錦腸夫人《きんちょうふじん》と為す」「男も亦然り」であります。堅いというのはこちこちではない、しまっていることです。

神・気・色から人間を観る

処がこの形相の次に色相というものがある。兎に角微妙な色になって現われる。そして更にその上に神相というものがある。人間というものは、形に現われ、色に現われ、神にあらわれる。こうなるとなかなか観察が難しい。

神・気・色三件

有雖相好・氣色不好。天不得晴明不得日月。人不得氣色不得運通。待氣開色潤方得運時。氣滞九年、色滞三年、神昏一世。三件俱暗、窮苦到老。

「相好《そうよ》しと雖《いえど》も、気色好《きしょくよ》からざる有り」――気色は心の外に現われたもの、相が好くっても、心が悪く、気色の悪いものがある。

「天晴明《てんせいめい》を得ずんば日月を得ず」――天も晴れなければ、折角の日月も見ることも出来ない。

同様に「人気色《ひときしょく》を得ずんば運通ずるを得ず」――人間気色がよくなければ、運が通じない。

そうして「気開け色潤うを待ってまさに時に通ずるを得」――はじめて運が通じる。

「気滞《きたい》すれば九年」――気が滞れば九年駄目。

「色滞れば三年」――色滞れば三年。

「神昏《しんくら》ければ一世」――神昏ければ一世。

「三件倶《とも》に暗ければ、窮苦《きゅうく》老に到る」――年をとるまで運が開けない。

だから形を養おうと思えば色、色を養おうと思えば気、気を養おうと思えば神を養わなければならない。つまり深い精神生活を持たなければ、本当の意味の形相・色相は養われないのであります。

心を養えば運も相もよくなる

結局運というものは相に現われ、相がよくなれば運もよくなる。然し運をよくしようと思えば、結局心を養わなければならないのであります。心を養うとは学問をすることで、従って本当の学問をすれば、人相もよくなり、運もよくなる。すべてがよくなる。運も相も結局は学問に外ならないのであります。

学問・修養すれば自らよくなる。そこで昔から本当の学者聖賢は、相や運の大事なことは知っておるけれども、敢てそれを説かなかった。その必要がないからであります。

しかも学問には弊害がない。相や運を説くと善悪共に弊害がある。「易を学ぶものは占わず」とはそこを言うのであります。占わないと言うのではない。占ってみた処で仕様がない。いづれにしても分かっておるから、占わないだけの事であります。

しかし学問もそこまで分かれば、相や運に対する心得を一通りは持っておって宜《よろ》しい。それを通して相当に人を導くことが出来る。人は案外内容的・無形的には分からぬが、よく相に現われるものであります。しかも相学というものはなかなか興味がある。従ってそういうことを弁えておくことも、決してこれは無意味ではないのであります。

虎の巻秘語

序話

吾々常に道を求むる者、理想に志す者、学問をなす者が、忘れ易く誤り易いもの、特に現代の如き世界に於て大切な問題であると思うことは、先哲に親しむ人が往々現実生活に於てとんだ矛盾を犯し、又煩悶《はんもん》を抱く事が多い事である。所謂理想と現実との矛盾葛藤である。

本人は理想に精進している心算《しんざん》でいても、現実を超克《ちょうこく》する事が出来ずして苦しむ。さもなくば徒《いたずら》に感傷的になり、或は異常味を帯びて、独断、独善に陥り、世間と矛盾し、自ら時に合わず、世に容れられずとなし、然もそうなっても自己反省を忘れ、道に志すが故に時勢に合わなくなったので、これは世が悪いのだ。世、皆濁《にご》り、吾《われ》独り清めり。世、皆酔い、吾一人醒めたりとの慷慨《こうがい》を抱くようになるのである。その結果狷介固陋《けんかいころう》になり、世間から変り者変人と見做《みな》されるようになる。そこで益々捨てられるという傾向になる。

世の所謂精神家ほど俗人を嫌い、又俗人からも嫌われ、しかもその本人が俗と言う俗世間から離れることが出来ない。こういう事では、誰と與《とも》にせんであって、吾々が人間として生き、人間と共に生きるものである以上、社会に生きる者であればある程、現実の処理が出来ねばならぬ。

多少ともの感化を人に与えて生きて行く事が出来ないものであろうか。これなくして人道と言う事も言えないのではなかろうか。この点からして吾々は大いに反省すべきではなかろうか。現実に於て特にこの感を深うするのである。それでまあ、先哲講座の合いの手としてこの補講を試みようとする次第であります。

文化史の三期

さて所謂歴史、特に文化史を通観する時、これを大きく三分する事が出来る様に思う。

第一、吾々人間がまだ素朴純真な時代、信仰心の盛んな時代、志有る人が神仏といった理想の姿、完全な理想像を体感し念ずる、そしてそれに帰依《きえ》しようとした時代、そこに生甲斐《いきがい》を発見した時代がある。

たとえて言えば、これをつきつめたものがあの浄土宗の如く欣求《ごんぐ》浄土、厭離穢土《おんりえど》の思想、病が篤くなっても、死の恐怖よりむしろお迎えが来たか、と感ずることが出来る魂、これは確かに人間歴史上の代表的な魂であると言わねばならぬ。

これに対して人間が理性的、思索的になり、現実の自覚が深まり、現実を解脱して、理想に没入するよりも現実に立って、理想を標榜しつつ現実を生かして行こうとする時代がある。

更に下ると理想を追求して、そこに帰入没入するのでもなく、又理性的に現実の中に理想を実現しようとするのでもなく、ひたすら現実にのみ執着する、所謂享楽主義の傾向の強い時代があると考えられる。

戦後屢々《しばしば》私がヨーロッパやアメリカの先覚の士の警世の議論を紹介した中の一人に、ハーヴァード大学の教授で、社界学会の会長であるソローキンと言う傑物がある。彼はロシアの出身で、ケレンスキー革命の時に大臣等をつとめ、レーニンの革命に投獄、死刑に処せられんとしたが、アメリカに逃れて、現に活躍しつつある稀に見る学者・実際家・経世家で、彼の著書の一つである『ヒューマニティの再建』が北玲吉君によって翻訳紹介されている。

このソローキンが私が今申したような事を常に論じている。即ち人類の時代史を三期に分かって、第一期を理想に没入して行く時期、彼はこれを ideational と名付けている。第二期は理性合理主義の時代で idealistic と名付け、今日の如き現実主義享楽主義の官能的な時代を第三期として sensate と呼んでいる。

この第一期にはヨーロッパの中世が相当し、第二期はドイツ観念論を中心とする時代、第三期は現代であり、現代は魂の堕落の時代であると断じ、この現代人の魂を第三期から第一期に引寄せる以外に、行き詰まれる現代を救う道はないと叫んでいる。

彼は現代人の魂を tough mind とよんでいる。邪慳《じゃけん》とか、さかしらと言った意味である。正に現代はこの sensate「俗な時代」である。昔の様に神仏に聴従《ちょうじゅう》出来ない時代である。官能的欲望的なものにのみ満足を見出す時代である。

かく時代が現実的であるが故に、道心を持つ人には開きがある、矛盾がある。道心を徹底させればさせる程、悩みが強くなってくる。

然もこの道心が現実的魂の影響を受ける故に、自分自身にもその悩みを持ってくる。魂が sensate になればなる程、矛盾に対する力が乏しくなり、所謂センチメンタルとかエキセントリックとか言った異常性を帯びる。折角学問をしながら世と合わぬようになる。

そして自分の悩みを牛のように反芻《はんすう》し、その悩みを享楽するという一種の異端となり、所謂和光同塵《わこうどうじん》がますます出来難くなる。況《いわん》や自利利他の道、人を少しでも感化し救済して行こう、などという事は思いも寄らない事になる。徒らに悩んで自ら破滅して行き、反って人を悩ませるようになり易い。

かくの如き時代に於て理想を胸に秘めつつ、現実に対して現実を浄化して行く、あの泥中に咲く蓮華《れんげ》の如く、蓮花妙法《れんげみょうほう》の世界、自利利他円満の道を行じて行かねばならぬのである。徒らに世を白眼以て迎えることなく、独善に陥ることなく、より以上に現実に徹しなければならぬ。

先哲と事上磨練

実際家、政治家が非現実的観念的になり、異常性に走り易い。誠に事上磨練《じじょうまれん》が足りないのである。現代世界がかくの如くかたよればかたよる程現実に徹し、これから逃避してはいけない。

釈尊でさえ釈迦族が滅亡の悲運に際会《さいかい》した時、救援に立つ事を拒否されて、遂に釈迦族が滅亡したのであるが、さすがの大聖釈迦もこのことを悲しまれて、苦闘のあまり病気になられたらしいのである。聖徳太子の場合も同様であろう。現実はかく深刻であり、甘くはないのである。

この『宋名臣言行録』や先哲のものを読んでいると、道を講じつつ甘いところがなく、実によく現実に徹している。だが、たまたま迂儒凡僧《うじゅぼんそう》といった観念論者が心ない攻撃をする。諸葛孔明が、刑名法術で以て治めると、この非をならし、孔明ともあろうものがと罵《ののし》る。孔明の現実を処理する偉大さを知らないのである。

吾々は決して感傷的な変った人間になることなく、現実を支配する力を持たねばならないと痛感させられる次第である。

人間の理想像ペルソナの研究の合いの手として、最も現実的な書であり、而もideationalな儒者が排斥した兵書『六韜三略《りくとうさんりゃく》』を読むのは、案外純な書物を読む以上に別の刺戟《しげき》を与えてくれるように思うからである。卑俗低級といわれるこの書の中に理想がある。この理想があるという点、スターリンやマルキシズムと異所があるのである。

と言って何もこの『宋名臣言行録』の補講として、現実を処理する道を学ぶものとしては、この『六韜三略』には限らない。それは『韓非子』でも何でもよいのである。然しこの『六韜三略』ほど日本の民衆にまで通俗化している書物はない。

『六韜三略』――その概説

昔からよく虎の巻といわれるが、虎の巻というのは「六韜」の一つであって、六韜は虎・竜・豹・犬・文《ぶん》・武《ぶ》の六巻より成っている。兵法に「韜略《とうりやく》」というのは『六韜三略』の略語である。

ソ連ではこの種の書もどんどん翻訳され研究されているそうで、特に『孫子』の訳書なども随分利用されている。ソ連や中共の革命の方略・近代戦略などを注意すればするほど、東洋の兵法が巧みに生かされていることを痛感する。

戦争が単なる武力戦であったのはもはや古いことであって、現代になればなるほど、戦争は武力戦よりもむしろ文力戦になっている。『六韜三略』の中に「文伐《ぶんばつ》」という語があるが、これは丁度今日の戦略にあてはまる言葉である韜略によれば、戦争は文伐をまづやることであって、徹底して文伐をやった後、武力を使うのだといっている。

この六韜という言葉が、日本では民衆の通用語になっている、と同時に、『六韜三略』に関していろいろの逸話も民衆的に流布されている。

その一例として、戦国時代の英雄であった伊勢新九郎、すなわち北条早雲が、ある時法師を招いて兵学の研究をした際、まず『六韜三略』の講義を聞いた。その法師が上略の開巻劈頭《かいかんへきとう》第一に、「夫れ主将の法は務めて英雄の心を攬《と》り、有功を賞禄し、志を衆に通ず…」とここまで来た時に、早雲は「よし、判った！それで十分。もうその先はよい」と言って講義をやめさせたという。それほどこの『六韜三略』は日本の兵法家、武人の間に、また一般民衆の間に非常に親しまれているものである。

処が専門学的にいうと、この『六韜三略』には甚だ異論が多い。「六韜」は周の創業・革命の基礎を築いた文王の師であった太公望《たいこうぼう》の作、「三略」は漢の張良《ちょうりょう》に兵書を授けた黄石公《こうせきこう》の作だと言われているが、太公望や黄石公は伝説中の人物であるから、そういう人の作であろう筈はないし、その内容から見てもそんなに早い時代の作ではなく、これは明らかに漢以後の作である。

学者は氏素性の明らかでないものを軽蔑する癖があり、その内容さえも無視する傾向がある。ところが偽書であると否とに拘《かかわ》らず、むしろ偽書であることが歴然としていても、偽書であればあるほど、却《かえ》って面白いこともあるのである。この『六韜三略』なども偽書ではあり、雑駁《ざっぱく》ではあるが、非常に面白いものである。

その特長――現実に徹していること

この書は戦国時代、特に秦漢の侵略闘争の時代の、乱世の経験からできた書であるだけに、非常に現実的であり、実に現実に徹している。決して天とか神とか人間の理念に基づいて、観念的に人間の法則を作り上げたものではなく、生々しい現実に立脚した、血のにじむような議論である。今日の言葉で言うと非常にリアル(real)な、或は実存的(existencial)なところに妙味がある。

「三略は衰世《すいせい》の為に作る」という言葉がある。即ち三略は衰えた世の為に作ったもので、太平を謳歌するためのものではないと言っている。

また「天下は一人の天下に非ず。乃《すなわ》ち天下の天下なり。天下を受くる者は野獣を逐《お》うが若《ごと》くして、天下皆肉を分つの心あり。」とも言っている。

これは今日の言葉でいえば民主的思想である。すなわち天下は天の所有物でもなく、また天を代表し、人間支配を代行するという様な天子・君主のものでもない。天下は天下のものであるという。いかにも乱世の考え方である。そしてその天下を争う者は野獣を逐うような、狩りをする様なもので、互に肉を分かつ心がある、というような凄惨な乱世の思想を放り出している。

これは文韜《ぶんとう》にもある「太公曰く。天下は一人の天下に非ず。乃ち天下の天下なり。」と、このような強い者勝ち、腕づくでとった者が支配するのだという乱世の考え方。それから天下の実相は野獣を逐うようなもので、肉を分かつ心があるのだ。仲好く分ける意味ではない、「分けどりあひ」の意味である。これが現実の姿だという。

こうした衰世のために『六韜三略』を作ったというところに、いかにも生々しい現実的な、実存的なところがある。この点では理想主義の儒家が軽蔑する一理があるが、これが現実なのであるから、しかたがないわけである。

その結論――現実に立脚して建設する

『六韜三略』は前述の思想的根柢に基づいて、天下肉を分かつ手段を説いているのかというと、そうした権謀術策を説いたものではなく、そういう凄い現実に基づいてこの世の中を治めるには、線の細い、いわゆる青白い神経のインテリではどうにもなるものではない。単なる観念的・感傷的理論などで治まるものではない。もっと力強い、動乱の現実を救う実力があって、始めて世の中を救うことができるのだとしている。

だから如何にしてこの凄惨な現実の中から、人間らしい人間の世の中を作り上げるか、という点を『六韜三略』も力説しているのである。したがってその結論は全く道徳主義であり、人道主義である。

「上略は礼賞を設けて。姦雄《かんゆう》を別《わ》け。成敗を著わす。中略は徳行を差して。検変《けんぺん》を審《つまび》らかにする。下略は道徳を陳《の》べ。安危を察し。賢を賊《そこ》なうの咎《とが》を明らかにす」

【大意】兵書『三略』のうちの「上略」では、礼爵賞与を設立して賢儒と姦雄とがはっきり弁別できるようにし、成功と失敗の跡を明らかにしている。「中略」では、人の徳行をよく見分けて、模範の人物とそうでないものを明確にしている。「下略」では、道徳を論じ国の安泰と危機とを考察し、賢人をそこなう損失を明らかにしている。なぜなら国家の安危は人を得るか、人を失うかにかかっているからである。

と三略の結論にいっている。

前述のように天下を取る者は野獣を逐《お》う如く、如何にして天下皆肉を分かつか、ということを論じているのではなく、凄惨な現実をもごまかさず、逃避することなく、生々しい現実に直面して、どうして人間らしい道義の世の中を作り上げるか、ということを論じているのであるが、われわれの現実は正にそうであって、現代の日本を本当に秩序あり、道義ある世の中にしようというのには、観念論や感傷論で出来るものではない。徹底した、真に現実を左右し得る力のこもった思想・方策でなければ、十分ではない。その意味で『六韜三略』も今の日本にとって非常に参考になる。

文と武

この「韜《とう》」という字は非常に面白い。韜は「つつむ」という字であり、元来は古代の代表的武器であった弓を入れる袋である。武器を蔵《しま》っておく袋を以て兵法を表わした、ということは見逃すことのできない意味がある。

丁度「武」の字が「戈《ほこ》を止《とど》める」という二字からなっているという説と同じく考えさせられる。それを使用した日本民族も同じであるが、一般的にいって東洋人の武に対する考え方は、決して暴力の行使ではなく、それを止めることにあったことがはっきりわかる。

今日は、武といえば暴力の行使であると誤って考えられている。武について正しく解釈している学者も若干あるが、日本人よりも中国で知られた、徳川時代の碩学《せきがく》である静岡の山梨稲川《やまなしとうせん》という人がある。この人はその学問からも、人間からいっても非常に偉い人で、戦前にやっとこの人の全集ができた。

この人の説によると、文と武との従来の相対的な考え方を数歩進めて、次のように説いている。


従来は文と武とを対立的に、相対的に考え、武はどちらかというと暴力の行使であり、文は平和の象徴であって、往々にして相容れないものであった。そしてどうも文に流れると文弱になり、武に流れると暴力になる、という両方のもつ弱点を補うために、文武は車の両輪の如く相伴うべきものであるという程度に過ぎなかった。

稲川はこれを更に進めて、武はそういうものでなく、人間の現実は色々の邪悪の力と戦わねばならない。それが人間の避けられない現実の姿である。その邪悪の力と戦って、われわれの生活・理想を一歩一歩作り上げてゆく実践力——それを武というのだとしている。

甘い感傷的な空虚な観念に逃げてしまわないで、どんなに骨が折れても何らごまかさず、着々と現実を浄化してゆく。雨雪風雷と戦って若木が伸び、花が咲き、やがて実を成らせるように、現実の中から文化の華を開いてゆく実践力、努力を武というのである。

だから、武があって始めて文がある、武が本体である。したがって本当に文化の華を咲かせるような武でなければ、本当の武ではない、と非常に深く武を解釈している。

これは兵学からいっても間違いのないことである。ただ稲川のようにはっきり説明ができなかっただけで、大体あらゆる兵法の書はこれと同じことを含んでいると思う。『六韜三略』においても、この考え方が主体になっている。

人間の現実の五つの境地

私は前述の武という立場から考えて、人間の現実には大体次の五つの境地があると思う。

第一は自然的境地――弱肉強食の自然の法則、動物的法則が行われる境地。これは人間として論外である。

第二は俗に一寸の虫にも五分の魂で、如何に弱者と雖《いえど》も強者に虐《しいた》げられ、その犠牲になっていることに耐えられない反撥心・気概がある。したがってかなわないまでも闘争する、暴には暴を以てするという境地がある。

これは弱肉強食に甘んずるよりはいくらか生命力がある。然し暴を以て暴に報いる、という意味では人間として救いがない、進歩がない。

第三に奇妙な境地がある。それは暴力に甘んずるのは魂が承知できぬが、さりとて暴力的に闘争する勇気もないし、活力もないという様な、主として知識階級の文弱分子に多い境地である。

この階級のとる態度を偽善的態度という。暴力の侵害に対して意気地なく泣寝入りしながら、それに強いて理屈をつける。例えば自分は信仰を持っていて、神の如く弱しとか、自分の宗教的精神がそういう暴力を否認するのだ、という様な尤《もっと》もらしい理屈を探し出してきて、自分の良心を瞞着《まんちゃく》し、人前を繕《つくろ》うという偽善的態度をとる。これが今の日本に殊に多い。

今日よく引用もされるのに宮本武蔵とガンジーがある。例えば、ある政党の領袖《りょうしゅう》が武蔵の無刀の境地を礼讃している。又ある大臣の如きはガンジーの無抵抗主義の生き方を説いている。これらは丁度第三の態度の代表的なもので、それはとんでもない偽善、自己欺瞞である。もしガンジーの無抵抗主義をとるとどういう事になるか。

元来ガンジズムを「無抵抗主義」と訳すことが大きな誤りである。(明治時代の人は漢学の素養があったために翻訳が確かである。処が大正以後、特に昭和になると誤訳・珍訳が続出してあやふやがひどい。これは一つは漢学や国学の力がなくなったためである）ガンジーは無抵抗という事は言っていないのである。立派に抵抗している。最も優れたレジスタンスである。

ただ暴力に応ずるに暴力を以てしないだけで、暴力以上の抵抗をするというにすぎない。印度教のアヒムサ（Ahimsa 不殺生）の大精神に立って、決して暴力闘争をしないで、もっと高邁な精神でどこまでもイギリスに抵抗して、独立を実現してゆこうというのである。

その表われの一つがスワラジー（Swaraji）運動である。これは印度は印度人の手で治める。断じて侵略者・征服者の支配は受けない。イギリスの如何なる法律・命令にも服さない、いかなる課税・教育にも応じないというのである。

それからスワデシ運動（Swadeshi）、印度人は印度でできるものによって生活しようではないか、イギリスの恩恵には預からない。機械がなければ手で糸車を廻して糸をつむごう、食物がなければ印度人の手で何とかして作って食ってゆこう、敵の投げ与えたものによって生きることはすまい、というどこまでも印度国産運動である。ガンジー自身も糸車をくって糸をつむいできたのである。

したがってイギリスの教育も受けない、課税にも応じない、税金も納めない。一切イギリスの支配に服さない。そのために投獄されれば、皆一緒に投獄されようではないか、そのため死刑になるなら、皆死刑になろうではないか、とこういう精神があるから、今度の戦争の後チャンドラ・ボースとその一党のあの熱烈な民族運動を展開し得た。これがスワラジであり、スワデシである。

もしこれを日本に応用するとすれば、アメリカが来ても、ソ連が来ても、その命令法律には一切服さない、教育も受けない、協力しない。そのために捕えられ殺されるならば、国民全部が捕えられ殺されよう、という勇気がなければならない、その実践がなければならない。また日本人が大豆や何やを送って貰って生きようというような精神でなくて、そうしたものは一切食わない、そのため餓死するなら皆餓死しようというものでなければならない。

こうした気概が今の平和主義者や中立主義者にあるかどうか。もしなければそういうことは言わない方がよい。

また宮本武蔵について言えば、生涯六十有余の試合に一度も負けたことがなく、その結果勝負というものが馬鹿らしくなり、心も極めて深くなって、その果てに刀を捨てたので、ろくに刀も使えないヒョロヒョロ武士が言うのとは違う。

戦争で言えば、中国軍も、米軍も英軍も蘭軍も全部降服させて、世界無敵となって、もう戦争は馬鹿馬鹿しい、というより罪悪だ。そこで率先して武器を捨てるというのならいい。しかし米国に負けて、武装解除されて、宮本武蔵の無刀を引用したところで笑止千万というより他はない。

第四はガンジーや宮本武蔵の境地、即ち宗教的境地である。これは今日一般の現実には適合できない。

第五の立場として始めて武が出てくる。これは前述第二の暴力的立場と違って、根柢にガンジーや宮本武蔵のような人道的精神を確固として抱きつつ、現実の邪悪に堂々と直面し、あくまでもその罪は憎むが、人は憎まない。

そういう罪を人間からなくするために、断じて暴力・罪悪を封ずる、いわゆる戈を止めるのである。偉大な理想、道徳的精神をもって、現実に免れることのできない悪の侵略と断乎として戦い、これを無くして、人間を暴力から救う、これが武である。

この武があって始めて人間の価値がある。その精神をはっきりさせたのが東洋の武の思想である。『六韜三略』もやはりそれを明白にしている。決して一部の儒者のいうが如く軽蔑すべきものではなく、むしろこうした乱世になってくると、そんな観念的・感傷的理論と違って非常に訴えるものがあるのである。

『六韜三略』とデモクラシー

何故北条早雲が「夫れ主将の法は務めて英雄の心を攬《と》り、有功を賞禄し、志を衆に通ず」で、「もうよい、これで判った」と言ったのか。今日のわれわれでもこれだけで十分である。今の日本は何一つこれが出来ていないのである。政治というものの現実的要領、現実的根本問題は、正にこの三つに尽きている。

英雄は俗にいう英雄ではない。学問的意味から言えば、一般大衆の指導者を英雄といい、今日でいえば「主将」は即ち政治の中心になる総理大臣である。宰相は努めて英雄——民の指導者——の心をとらなければならない。

デモクラシーは民衆さえあればいいので、指導者は要らないという考え方が多いが、これは俗解である。強いていえば曲学阿世の見解である。本当のデモクラシー学説を研究してみると、そうしたことは何処にも書かれておらず、デモクラシーほど英雄・指導者が必要であると皆書いてある。

私が点検した多くの政治学説の書物の中で、デモクラシーの本領を一言に最も良く説いているのはイタリーのマッチーニ (Mazzini) である (日本の思想家・評論家の多くはこの人をよく知らぬ。書物も殆《ほとん》ど出ていない。欧州の革命家の中で総すかんをくって、誰からも嫌われているのはマルクスであるが、誰からも慕われたのはこのマッチーニである。彼はイタリー独立運動ばかりでなく、イタリー労働運動のためにも重要な人で、彼の死に際して、ゼノア市民は市民葬をもってした）。

そのマッチーニがいっている、Progress of all, through all, under the leading of the best and wisest.「デモクラシーとはすべてを通じて、その最良最賢なる人々の指導の下に、すべての人の進歩を図ることである」と。これほど簡にして要を得た説は他にない。


日本にはよく国民に組織がないといわれるが、それは嘘である。地方に行けば農民組合も、教員組合も——火事の時には消防団が、青年団も婦人会も依然としてある。国民の組織は現存している。そしてその組織の実質的リーダーが自らおる。ところがそのリーダーも、折角の英雄の心をとるものがいないから、皆退屈している。そしてその組織の上に浮動しているボスがいる。それが県、市会議員や町村役員になっている。その田舎ボスの上に立っているのが代議士であり、そうした大小ボスに利用されているのが今の政府である。

国民は自分達を本当に起たせてくれるものがないから、仕方なくそういうものにでも投票している。したがって本当の国民層と政府との間に断層がある。本当の意味でつながっていない。

もし本当に国民を実際摑んでいる無名の指導的人物、上略にいう「英雄」を起《た》せるならば、今日の政治の様相は一変するであろうが、そういう者がいない。これは日本国民の非常な寂しさである。

「夫れ主将の法は極めて英雄の心を攬《と》る」で私はこれを断言して憚《はばか》らない。例えばここに代議士になって、すぐ大臣になれるという人は幾人でもあろう。その人が本当に国を救おうと思ったら、選挙をやる金で草鞋《わらじ》を何足も踏み破るつもりで、全国の本当の国民層に一年間情熱を傾けて訴え、国民教育をやって歩いたら、その人は必ず国民的英雄になる。

しかしそれをする人がない。手っとり早く政権に近づこうという根性が人間を小さくしている。北条早雲のように、もうこれで十分だ、というだけのインスピレーションというものがない。

賞禄の与え方

英雄の心をとるだけではいけないので、「有功を賞禄」するということが大事である。この言葉は学問上デリケートな語であって、賞と禄とは違う。禄には位がつき、賞には金品がつく。

東洋には人間を二つに分けて、仕事のできる才能の有る者と、人を率いて行く徳の有る者とを別にしている。どんなに仕事ができても、手柄があっても、それ故に地位を与え、禄を与えて人を支配させてはいけない人がある。又これといって仕事ができないでも、その地位にその人を据えておれば、自然に治まる人がある。これを使い分けることが東洋政治哲学の人事行政の根本問題である。これが「賞禄有功」である。

これは南洲遺訓にも喧《やか》ましくいっているところであり、熊沢蕃山が強調して徳川幕府からにらまれた点でもある。

今日は党費《とうひ》を調達すると、大臣に据えたりするが、これは東洋政治哲学の原則に反する。この点、前代の政治家は偉かった。

原敬が非常に可愛がった武藤金吉という人（今の広川や大野と比べると遥かに上だという故老が少くない）がいた。彼は政友会の功労者だが、何とか一度大臣になりたくて仕方がない。ところが原さんは一向に大臣にしてくれない。

とうとう我慢がしきれずに何とか大臣にしてくれませぬかと言ったところ、原さんは非常にむつかしい顔をして態度を改め、「武藤君、僕は君のためには何でもしてあげたいと思う。しかし大臣というものは自らその人がある。君は大臣になるという柄ではない。それだけは諦めてくれ。その他のことなら何でもしてあげる」と言われて武藤氏もすっかりしょげた話がある。ここらは原さんの偉いところである。

また原の三羽烏といわれた岡警視総監（昔の警視総監はなかなか偉い政治的役割で、今日の警視総監とまるで格が違っていた）が、どうしたことか西園寺公の目にとまった。

ある時、原さんが西園寺公を訪ねたところ、西園寺公が「この間岡が来たが一寸面白い男だね……」と言ったところ、原さんが返事をしないので、園公は話をそらしたが、原さんは帰りがけに、只一言「岡は私が使っている人物で、閣下が特にお目をかけられることはない。あれは私にお任せ置き願いたい」と釘を打って去った。これには園公も感心して、ある人に「原はなかなか人を見分けて味噌も糞も一緒にしない男だ」と評したということである。

近代になるとそれが無茶苦茶である。とんでもない人間を大臣にしたりするから、政治も経済もゴチャゴチャになる一つの因をなしている。

有功を賞禄し、その指導者の心を捕え、志を衆に通ずる、やはり民衆にその理想目的が通ぜねばならぬ。これができれば立派に政治はでき上る。北条早雲が「志を衆に通ず」で「わかった、もう十分」といったのはさもあろうと思われる。

次に「故に衆と好を同じうして成さざる靡《な》し。衆と悪を同じうして傾かざる靡し。

国を治め家を安んじて人を得るなり。国を亡ぼし家を破り人を失うなり。含気の類《るい》咸《みな》其の志を得るを願う。……」

むかし野田大塊であったか、旨いことをいったことがある。すなわち政治の秘訣はむつかしい理屈はいらぬ。労働者が一日働いて家に帰り、気持よく風呂に入って、まあ浪花節の一つも唸り、そして嬶《かかあ》のお酌で一杯飲めるようにしてやれば、後は大した問題ではないと。流石《さすが》にうがった言葉である。かのナチスの指導者も、とにかく労働者に安くビールを飲ませるということだけは考えておったようである。

ソ連は韜略を使っている

武韜《ぶとう》の中に「文伐《ぶんばつ》十二節有り」という言葉があるが、要するに戦というものは直ちに武力を用いる事ではなく、先づ文伐を完全に行うことで、それが行われて後始めて武事をするのである。

その文伐に十二種類あって、詳しく書いてあるが、要するに相手国の自壊作用を起させることである。相手国を腐敗させ、堕落させ、あらゆる意味で相手国を分解し、できるだけ内応者《ないおうしゃ》を作る。その方法を微に入り細に亘って講じてある。

そして相手国に自壊作用が起る条件が充分に出来上ってから武事をする——戦争をするとはいっていない。本当の武力行使のいろいろな条件を完成すると書いてある。

ソ連・中共、特にソ連の方針は全くこの『六韜三略』に合致している。ただ彼らはそれを裏返しにやっているのである。チェコの初代大統領マサリクがクレムリンの面々を批評して「彼等はツアーを打倒したが、ツアーリズムをそのままにしておいて、ツアーリズムの着物を裏返しに着込んでいる」と言っている。

例えば、人殺しでも中途半端な殺し方をすると必ずやられる。『三国志』を読んでも屢々《しばしば》そんな例が出てくる。また何事によらず成功するには、それほど度胸がなければならない。『碧巌録《へきがんろく》』に「人を殺して目をパチつかせないだけの胆の据わった、腕前をもった傑物でなければ、一宗一派は開けぬ」という事が書いてある。ここをやはり裏返しに実行して、スターリンは一応成功している。

然しこれは長くは続かない。これが続くようなら釈迦もキリストも嘘をついたことになる。私は続かないと確信しているが、しかしそれだけではいけないので、どうして長く続かしめないようにするかということになる。それがここにいう武である。俗にいう武ではないのである。

国を治める道

次に「夫れ国を為《おさ》むるの道は賢と民とを恃《たの》むにあり」とは前述の「主将の法は……」をさらに短い言葉でいったにすぎない。また「軍国の要は衆心を察して百務を施す」――これは民衆心理を洞察して、その時に活きたあらゆる必要な他事をなさねばならないということである。

「務」という字は面白い字である。同じ「ツトメル」という字にも二つある。「努」は奴+力、単に労働をする、つまり奴隷の努力を表わす。「務」は矛+攴+力で、攴《ぼくづくり》のトは智又は手、即ち精神と技術と体力を働かせて、あらゆる障碍《しょうがい》を排除してゆく努力をいう。だからこの「務」には頭が入っている。

「吏《り》多くして民寡《すくな》く、尊卑《そんぴ》相若《あいし》き。強弱相虜《きょうじゃくあいかす》め、禁禦適莫《きんぎょてきな》く、延《ひ》いては君子に及び。国其の害を受く」

役人に対する民衆のパーセントが少いということは国害である。また地位の高い者も低い者も、人間の能力に殆んど変りがないというのがいけない。やはり重役は重役らしく、高い地位にある者はそれだけ人間が優れていなければならない。どうかすると上役ほど忙しくて、講談倶楽部くらいしか読まない。下の者ほど中央公論や改造を読んでいるというのでは悪い。そういうことが「尊卑相若《し》」であるが、それほどでなくても、禁ずべきことを禁じ、禦《ふせ》ぐのに適《うま》くやれず、ピントの外れたことをする。

そうした政治のやり方が延《ひ》いては君子に及び、優れた人をどんどん隠してしまう。

「善を善として進めず、悪を悪として退けず。賢者隠蔽《いんぺい》して。不肖位《ふしょうくらい》に在るは。国其の害を受く」

これは善を善として進めない。悪を悪として退けない。賢者を隠蔽《いんぺい》して不肖の者が位にあるのはやはり国害であるという。

今日のわれわれはニーチェではないが、善が無力である、善人は弱い。そして善い事でも一向推進しない、悪い事が分っていてもそれを退けようとしない。

共産党の非合法化については理屈はいろいろあるが、極めて常識的に民衆から言わせれば、明らかに敵意を持っている他国と共謀して、自国の政権を転覆しようと暴力行動をする顕著な団体を、何故法律が認めているのか。これは民衆の共通の疑問である。

かく考えてくると、六韜三略の教えはぴしぴしひびいてくる。

原則の上に権変を使う

「世乱るれば則ち叛逆生ず。王沢《おうたく》竭《つ》くれば則ち盟誓《めいせい》相誅伐《あいちゅうばつ》す」——天下を一統する徳のある人がなくなると、不可侵条約や相互援助協定を結んで連中が逆に喧嘩を始めるようになる。国際連合を作っても、その影響力がなくなると、忽《たちま》ち米、英らがいがみ合う事になる。

「徳敵に同勢なれば以て相傾むく無し」そこで「乃ち英雄の心を攬《と》り。衆と好悪を同じうして。然る後以て権変《けんぺん》を之に加う」そうした根本において、大切な原則が確立した上に、始めて権変つまり権謀術数を使うというのである。

権はハカリの分銅、衡《こう》はハカリの桿《さお》。すなわち分銅を目盛りのいい処に持ってゆくと真直になる。これが衡平《こうへい》である。目盛分銅が丁度よい処にいって、ハカリが落着くのを「秤停《しょう》」という。孔明の名言に「我心秤《わがこころはかり》の如く人の為に低昂《ていこう》する能わず」

とある。したがって権というのはもののよろしきを得るという意味であったが、後にだんだんゴマカスという意味に使われてきた。

「故に計策に非ずんば以て嫌を決し疑を定むる無し。譎奇《きっき》に非ずんば以て姦《かん》を破り寇《こう》を息むる無し。陰計《いんけい》に非ずんば以て功を成す無し」

形式論や抽象論では駄目だ。この「衆と好を同じうす」のデモクラシーの根本ができておって、その上に権変を加えて、その上に計策が立たないと嫌疑を徹底することができない、姦を破り寇を止めるということになると、形式的な正道ではゆかない。やはり譎奇が必要だ。権変は意表外に出るという意味があり、意表外に出る詐《さ》術である。

孫子も「兵は偽りを以て立つ」といっている。形式的抽象論ではいけない。どうしても計策、譎奇《けっき》がその上になければならない。しかも、それは露骨に出てはいけない。秘密でなければならない。「陰計に非ずんば以て功を成す無し。」と言っている。

結論――武は仁道に帰す

しかし結局は偽り多い現実、野獣を逐《お》い、肉を分かつ心があるといった現実に基づいて、いかに人間の世の中を人間らしい世の中にするかということであるから、最後に文韜にもあるように「太公曰く。天下は一人の天下に非ず。乃《すなわ》ち天下の天下なり。天下を同じうするの利は則ち天下を得るなり」で、結局仁に帰し、道に帰すといっている。

下略にも「聖王の兵を用いるは、之を楽しむに非ざるなり。将《まさ》に以て暴を誅《ちゅう》し乱を討つなり。夫れ義を以て不義を誅するは江河を決して爝《しゃく》火に漑《そそ》ぐが如し。不測に臨みて堕《お》ちんとするを擠《おと》すがごとく、其の克つこと必せり。優游恬淡《ゆうゆうてんたん》にして進まざる者は人物を傷《そこな》わんことをはばかればなり。夫れ兵は不祥の器なり。天道之を悪《にく》む。已むを得ずして之を用う。是れ天道なり」やむなく武が必要である、邪悪という現実的な力が必要である。それをやるには準備が必要である。計策が必要であるということを縷々《るる》論じているのが『六韜三略』である。

これを分析して政治は政治、戦争は戦争と分ける考え方は、どっちかというと西洋的考え方である。しかし西洋でも最近は東洋的になってきている。その一例はソ連であって、非常に東洋的なやり方をやっている。

その点近代の書物では味わえない教訓が却って『六韜三略』のような古典から味わえる。その意味で民衆に最も親しまれている虎の巻『六韜三略』の近代的解釈を述べたのである。

啾啾吟

文明ではなくて文迷・文冥の世の中である

さわやかな秋になりましたけれども、世の中は余りにも不愉快なことが多過ぎるので、今夜は溜飲の下がる詩でも読んで、みなさんと共に楽しみたい、そういう気持から改めて陽明先生の啾啾吟《しゅうしゅうぎん》をご紹介致したいと思います。

従って先程のように真剣に改まってご挨拶をされると少々困るのであります。大体私の『王陽明研究』などは、大学時代に楽しみに書いたもので、それを大分変った人がおって、親切に出してくれただけのこと。従って今からみると、誠にお恥ずかしいもので、名前を挙げられると内心ぎくりと致します。今書けばもっと深いものを書くのですが、だんだん書けなくなってそのままになっております。

さて、世の中が頗る《すこぶ》面白くない、という様なことが啾啾吟にも詠《うた》ってありますが、実際その通りの面白くない現実で、心を暗くするばかりであります。世を挙げてレジャーであるとか、バカンスであるとか言って、楽しんでおると言うか、好い気になっておると言うか、兎に角こういう時代は、ちょっと近来に類をみないでありましょう。

成る程いかにもわれわれは文明をエンジョイしております。しかしその文明をつくり上げるのにもっとも力のあった科学の世界から、科学者の中の先覚者達が次第に今日の文明というものを疑い懼《おそ》れるようになり、これを警告する声が高く且《か》つ深刻になって来ております。それらの人々の警醒の論を注意しておりますと、文明の明という字がだんだんと変って来て、迷という字になって来た、或は「冥《めい》」とも言えましょうか、つまり文明というものが次第にわけの分からぬものになって来たと言うのであります。

これについてはみなさんもよくご存知のことですから、今更くどくは申しませぬが、日本が戦争に負けて、平和を回復して、さてこれからの日本を営んでゆくには民主主義に限るとアメリカに教えられ、御尤《ごもっと》もということになって今日までやって参りました。

しかしその民主主義も、かつてフルシチョフが「自由民主主義が破れて、即ち資本主義体制が倒れて、共産主義体制になるのは歴史的必然だ。われわれはこの確信に基づいて一日もはやく資本主義体制を埋葬してやるのだ」という様な啖呵《たんか》を切り、今度は、こんなことでは本当に民主主義の破滅である、と民主主義陣営の中から、盛んに言われる様になって来ておるのであります。

そこで、それでは共産主義陣営だけに凱歌《がいか》があがっておるかと言うと、なんぞ知らんこの陣営に於ても、一体共産主義とはなんぞや、という議論がやかましく言われ出して、やれ教条主義であるの、やれ修正主義であるのと、しまいには北京とクレムリンの間に、激論からだんだん憎悪にみちた喧嘩にまで発展して参りました。

アメリカでは、みなさんもご承知のようにいろいろの議論を押し切って、共産陣営に対抗して、アジアの自由と平和を確保する、というので随分犠牲を払ってアジア各国、特に極東から東南アジアにかけて尨大《ぼうだい》な梃子《てこ》入れをしておりましたが、しかしこれが到る処失敗で、例えばラオスなど明白にその失策を暴露致しました。連立の中立政府は殆ど共産勢力に圧倒され、一時は戦争すら起こしかねまじき勢いでありました。

ベトナム仏僧の焼身供養

ベトナムも甚だ振わず、ゴ・ジンジェム政権の如きは沙汰の限りの内紛を暴露してしまいました。

ご承知の様にベトナムは仏教国で、国内人民の大多数を信徒に致しておりますが、その仏教徒と紛議を生じ、クワンドックという七十三才の老僧が焼身自殺をして、それに又多くの人々が続くという、二十世紀の今日にまだこんなことがあったか、と思われる様な惨劇を演じてしまいました。

これには私も非常な衝撃を受けました。私の受けた衝撃は少し人と違っておりまして、まだ今日の仏教徒にこういう厳粛と言うか、徹底した行が残っておったか、まだこういう仏法が今日に存在しておったかという感歎であります。この焼身自殺ということは、これは自殺ではなくて、供養であります。焼身供養であります。

私はこの正月から照心講座でインド仏教の東漸《とうぜん》について話をしてきました。即ちインド仏教が中国に伝来した時の中国の社会的な実相からはじめて、老荘思想との交渉融合、それに続く禅の勃興、それが唐・宋を経て如何にして宋・明の学になるか。その過程の説明をしようとして、今唐に入ったところでありますが、その中国仏教は禅を抜きにしては考えることが出来ませぬ。

ご承知の様に、禅は達磨によってはじめられたもので、その達磨は梁《りょう》の武帝の頃に中国に来たと言われております。支那の歴史は南北朝から三国時代を経て晋になり、それが北方勢力に圧迫されて揚子江を越え、南に宋・斉・梁・陳という風にあわただしい革命騒乱を繰返してゆくのでありますが、その梁代の仏教をお話しておる時に私が感動した一つの問題がある。

自殺ではなくて供養である

それは梁の頃に満といら一法師がおりまして、法華経を講ずること百回、その百回の講を終った時に、この満法師が焼身供養というものを現実に実践しておるのであります。そうしてそれまで二十七品《ほん》であった法華経の、第十二品に提婆達多《だいばだった》品というのを加えて、今日の如く二十八品にしたと言われている。

提婆は釈迦の従兄で、英才ではあったが根性が悪く、生前大いに釈迦を苦しめた。そのために死後地獄に落ちたが、猛火に焼かれて、その贖罪《しょくざい》によって成仏して天王如来となる。法華経の中でも一番深刻な場面でありますが、私はこのことを知った時に、こういう真剣な功徳、或は供養というものが、本当に人間にあったのかと、又こういう徹底した深刻な修行があったればこそ、中国の仏教が興ったのだとしみじみ感じたことであります。

処《ところ》がはからずもベトナムに於て、この焼身供養がクワンドックという老僧によって行われたのであります。世間の人々はこの老僧を、ビルマやタイ国あたりにごろごろしておる、教養のない乞食坊主の様に思っておりますが、然し決してそういう人ではない。観音寺という立派な寺の住職で、日本で申せば、身延山とか大石寺とか、或は増上寺とか誕生寺とかいうような門地の高い寺の法主であります。もし日本でこういう名刹の法主が焼身供養をすれば、それこそ大変な騒ぎとなるでありましょう。実に厳粛極まるもので、ハンガー・ストなどという様な宣伝的なものとは全然違うのであります。

但惜身命《たんじやくしんみよう》なるが故に不惜身命《ふしやくしんみよう》である

こういうことが仏法がはじめて興隆して来た梁の頃に実際に行われたのであります。誠に身命を惜しまざる、捨身の求道であった。

仏教から言うならば、道というもの、法というものは、なにものにも代え難い尊いものであって、その尊いものを求め行ずるためには、この身この生も惜しまない。それくらい法というものは尊いものである。「但惜身命」ということがある。その尊い法を求め行ずるが故に身命を惜しむのである。又かかるが故にこそこの空しき身命の如きは問題ではない。これを「不惜身命」と言う。

但惜身命なるが故に不惜身命である。身命を惜しまずしてただ法を求むるのである。求むるが故に身命を惜しむのである。

まるで矛盾律の様であるが、民を済《すく》うという悲願のために、求道という大願のために、徹底して身命を惜しむ。徹底して身命を惜しむが故に、徹底して身命を惜しまない。そうして焼身供養したクワンドック老師。隋唐六朝の昔にその例があったけれども、そういう厳粛な仏法が、今の世に、ベトナムの地にあったかと思うと、ただもう感歎感動するばかりであります。

それでそのことを話したり書いたりしたのでありますが、その後この八月の末に、請わるるままに身延の本山に参り、一山の僧侶や学生に、日蓮上人のやられた鎌倉時代の立正安国ではなくて、現代の立正安国とはどういうことか、ということについて約四時間に亘ってお話を試みました。

たまたま立正大学の久保田正文教授も来ておられて、話をしておったところ、久保田教授はサイゴンでこのクワンドック老僧に会われたそうであります。その時彼の話によると、自分は観音寺の住職であるが、常に法華経を行じておると申しておったそうであります。私はそれを聞いていよいよ感を深くした次第です。

処が今の日本人はそういうことを全然知りませぬ。それに事もあろうにゴ・ジンヌーという大統領の弟の奥さんが、これが又外国によくある美人で利発で、名誉欲権勢欲の化身の如き女です。

その点は日本婦人のために多とするのであるが、日本の婦人は総じてみなやさしく、名誉欲権勢欲の亡者はおりませぬ。源氏の政子にしても、外国のそういう婦人に比較すれば実にやさしいものであります。

外国には男性などの到底かなわぬ様な権力亡者女性が沢山おる。その一番の代表が則天武后《そくてんぶこう》だろうと思うのですが、これは権力支配のためには吾が子をも物の数としなかった人であります。

皇后となるために自分の可愛い子供を殺し、又皇帝となるために子供の皇帝を追放し、多くの人間を殺戮した。小説にでも書けば、ドストエフスキーなども手をあげる様な作品が出来上がると思うが、書き難いとみえて誰も書くものがおりませぬ。そういう複雑限りない婦人でありますが、外国にはこれに似た婦人が沢山あります。

ゴ・ジンヌー夫人はどういう人か私は知りませぬ。かねて噂は聞いておりましたが、坊主のバーベーキューという様な批評をするなどということは、それを又面白がって取沙汰するものもするものですが、東洋人としてこれくらい不愉快な話はないと思う。

どこをみても心を暗くするばかりである

処がこういう問題になると、こういう問題について、一体日本はどういう風に考えるかというようなことになると、政治家も評論家もぐうとも言わぬ。そのくせ所得倍増がどうの、株式がどうのという様なことになると、それこそいきりたって議論をする。アジアの先覚だとか、世界の三本柱だとか言っておる日本が、このことについて一言も言わぬのは何事か、私なども大分けしかけられたが、私がなにを言ってみたところで、日本の代弁にはなりませぬ。

そのうちに今度はシンガポールで道路工事をやっておったところが、終戦時日本軍の虐殺にあった華僑の白骨がぞくぞく出て来た。そこで急に昔のことを思い出して、日本に対する憎悪と反感が再び燃え上がり、一体これをどうしてくれるのかということになって来た。

最早賠償の済んだ後のこととて、政府もなんとか慰問くらいでごまかす心算であったが、なかなかそれ位ではおさまりそうにない。向うの李という首相がやって来た時に、日本から病院を寄附しよう、が、それでは金額が少いからというので、マラヤ開発のための優れた工業大学を建設しようではないか、という様な話も行われておるうちに、すべてがうやむやになってしまい、白骨の祟《たた》りが益々深刻になるばかりであります。

そうして今度は、ビニロン・プラントの中共への輸出の問題が物論ごうごうとなって来ました。しかもそれは貿易の話ではなくて、日本の道徳問題になって来ました。今まで公然となにも言わなかった国民政府側も、余程腹が立つとみえて、一体日本は義を知るのかどうか、と言ってかんかんに怒ってしまっております。

あの終戦の時、蔣総統は、暴を以て暴に代えるということはよくない。われわれは「怨みに報いるに徳を以てせよ」という教えを実践しなければならぬ、と言って日本軍との決戦を避けた。しかもソ連や中共と反対に、百万の日本の軍民を丁重に送還したのです。

あのカイロ会談で、スターリンが天皇制を排除しようとした時に、まっさきに反対したのも蔣介石であります。又スターリンがソ連軍を日本に進駐させようとした時にも反対してくれました。それもただの反対ではソ連も納得しまいというので、中国軍の駐屯も止めて、ソ連をしてそれ以上主張出来ない様に仕向けたのであります。

こういう風にあらゆる善隣としての情誼《じょうぎ》をつくして来た。あれだけ犠牲を払い、あれだけ国土を蹂躙《じゅうりん》されながら、賠償も放棄して、尽し得る限りの友誼を尽して来た。それを日本人はなんと思っておるのかというわけです。誠にどうもわれわれ日本人としては嫌な話になって来たものであります。

一衣帯水《いちいたいすい》のお隣りの韓国も、朝に夕にはかられぬ変転振りで、今後どういうことになってゆくか。日韓会談も立往生の有様です。その他どこを見ても不愉快なことばかりであります。到る処「啾々《しゅうしゅう》」であります。

陽明の身体から迸《ほとばし》り出た詩

さてこの啾々吟というものは、本当に王陽明の身体から迸《ほとばし》り出たもので、尋常一様の詩人などの作品ではありませぬ。

陽明の出たのは明代の中葉からやや下がった時代、明の政権がようやく不安・動乱に陥りだした頃であります。日本では足利時代の中期、義政の晩年から後につづく時代。西洋史で申しますと、丁度コロンブスが帰って来て騒がれておった時代、スペインやフランスの盛んであった頃であります。

陽明という人は、哲人としても政治家としても、学者としても詩人としても、或は又文章家としても、可ならざるなしという卓越した人でありますが、しかしそれ以上に忘れてならぬことは、そういう能力よりも前に、人間として実に真剣な求道者であったということであります。

この人、二十七才の時に地方に出張して落馬し、胸を打ってから肺病になった。

しかしそれを物ともせずに学問をし、政治に当り、教学につとめたのであります。殊に晩年には、その病軀《びょうく》を押して内乱の鎮定に当り、熱や咳《せき》を出しながら、自分の身を焼きこそせね、本当に病軀を捧げて、それこそ国民・生民のために供養したのであります。

丁度今日の江西省を中心に寧王宸濠《ねいおうしんごう》という王族が叛乱を起こした。この時、胸のすくような作戦と機動力を以て、わずか旬日《じゅんじつ》にして内乱を鎮定した。

その見事な戦略戦術の実践の跡を、陽明の遺著によって詳細に研究し、請わるるままに八代海軍大将に紹介したことがあります。将軍は人も知る戦術の大家でありますが、その大家がこれを聞いて、「今日の戦略眼から言っても実に敬服すべき偉大なものだ」と言って感歎しておられました。

これはまあ余談でありますが、宸濠の本拠は江西省の南昌というところであったが、叛乱が起こった時、陽明は丁度その近くに出張しておった。そこで叛乱の報告を聞いて、すぐにこれに対する応戦の会議を開いた。その時陽明はこういう想定をしております。

宸濠がもし英雄であったならば、先づ一番に動揺する脆弱な首都北京を直接攻撃するであろう。その時には天下は大乱となる。しかしこれは余程の英雄的機略を要する。もしそれ程の英雄性がないとすれば、必ず揚子江に沿うて東進し、先づ南京をとるであろう。もしそうなれば天下の半は乱れて、容易に鎮定することが出来なくなる。

しかし自分のみるところ、この宸濠というのは頭は良いが、虚栄心の強い坊ちゃんで、少しも度胸というものがない。人間の出来ておらぬ所謂軽薄才子であるから、そういう冒険も敢てしないであろう。恐らく自分の本拠地に腰を据え、部下の将軍をその辺の要所に派遣して、気勢を上げる。そうして状況情勢を観察するという態度に出るであろう。そうなれば簡単に始末をつけることが出来る。

こういう三つの想定をしております。果せるかな宸濠は陽明の観察通り英雄ではなかった。本拠地の南昌に腰を据えて、その辺にちょこちょこと軍隊を派遣しては虚勢を張る。全く陽明の予言通り一週間ばかりでかたがついてしまったのであります。

この陽明の観察に八代将軍も舌を巻いて感心したのでありますが、今度の日本の中国侵略にしてもそうであります。

私共中国を研究したものから言うならば、勿論幾つかのやり方があったわけですが、原理はみな同じであります。処が日本にはそういうことを解するものがおらぬ。一番の下策愚策をとった。

あの中国大陸を海岸から攻めてゆくなどということは、三才の小児のやる戦術で、そういう愚なことをやって勝てる筈がない。こういうことを痛論すると、あいつは漢学が出来るから、支那が強いと思っている。日本主義どころか支那主義だ。なあに、日本軍が行けば三カ月で征服する、などととんでもないことを言った将軍もおった。負ける時というものは仕様がないものです。

処が本当のことを言うと、アメリカもそうです。アメリカの政策を見ておると、正しく陽明の言う通り、宸濠と同じやり方をやっておる。これはアメリカの代々の当局に英雄がおらなかった、というなによりの証拠であります。

啾啾吟の誕生

さて、余りに見事な戦績戦功を挙げたので、陽明を嫉《ねた》むものが出て来て、あらゆる方面から迫害を加えた。もう全く毀誉褒貶《きよほうへん》の的になってしまった。陽明も生命の危険もさることながら、徹底的に気をくらくさせてしまった。

しかしその結果、彼の信念・哲学・人物が大きな飛躍をすることになる。彼の心境一段の徹底・明朗を加えた。丁度陽明先生四十代の終りであります。その時に出来たのがこの啾啾吟であります。

だからこれは机の上の産物ではありませぬ、天下泰平の時の作品ではありませぬ、尋常一様の詩人、文学者などの作品ではありませぬ、これは血の出る様な一生の深刻な体験から迸り出た文芸であります。

啾啾吟

知者不惑仁不憂
君胡戚戚雙眉愁
信歩行來皆坦道
憑天判下非人謀
用之則行舍即休
此身浩蕩浮虚舟
丈夫落落掀天地
豈顧束縛如窮因
千金之珠彈鳥雀
掘土何煩用鐲鏤
君不見東家老翁防虎患
虎夜入室啣其頭

知者は惑《まど》わず　仁は憂えず
君何ぞ戚々《せきせき》[1]として双眉《そうび》[2]愁《うれ》うるや
歩に信《まか》せて行来[3]すれば皆坦道《たんどう》
天に憑《よ》りて判下る　人謀《しんぼう》に非ず
之を用うれば則ち行き舎《す》[4]つれば則ち休す
此の身浩蕩《こうとう》[5]　虚舟《きょしゅう》[6]浮ぶ
丈夫落々《じょうふらくらく》　天地を掀《あ》ぐ
豈《あ》に顧みて束縛窮因《そくばくきゅういん》の如くならんや
千金の珠《しゅ》　鳥雀《ちょうじゃく》を弾じ（弾ぜんやでもよい）
土を掘るに何ぞ鐲鏤《しょくる》[7]を用うるを煩《わずら》わさん
君見ずや東家の老翁虎患を防ぐを
虎夜室に入って其の頭を啣《ふく》む

西家兒童不識虎
執竿驅虎如驅牛
痴人懲噎遂廢食
愚者畏溺先自投
人生達命自灑落
憂讒避毀徒啾啾

西家《せいか》の児童は虎を知らず
竿を執《と》って虎を駆《か》ること牛を駆るが如し
痴人噎《えっ》に懲《こ》りて遂に食を廃し
愚者溺《でき》を畏《おそ》れて先づ自《みづか》ら投ず
人生命に達すれば自ら灑落《しゃらく》[8]
憂讒《いうざん》避毀《ひきい》徒《たづ》らに啾啾《しゅうしゅう》

註
1　憂うる様。
2　本によっては眉双（眉ふたつながら）ともする。
3　来は助動詞で意味なし。
4　おけばとも読む。
5　ひろびろと霞んだ流れの景色。
6　無人の舟はそれこそ流れのままに自由自在である。よしそれにぶち当てられても、人がおらぬ故喧嘩にもならぬ。よって虚心坦懐、無私無欲に行う虚舟

を譬える。（『荘子』や『淮南子《えなんじ》』に出づ）

7 名剣のこと。

8 灑は洗う、落はおおまか。汚れを洗ってさっぱりした様。

知者はなんの惑うところもない。仁者はなんの憂うるところもない。君はどうしてくよくよと眉をしかめておるのか。足にまかせて歩いて行けば、みな立派な道だ。なにも道が良いとか悪いとかくよくよすることはない。大きな目でみておれば、天がちゃんと審判をする。ああだこうだと人の謀《はか》るものではない。ご用があるなら行って働きましょう。なければ休まして貰おう。

この身はあの縹渺《ひょうびょう》たる流れの中に浮ぶ無人の舟の如きものである。達人は虚を以て世に遊ぶというが、虚心坦懐《たんかい》、なんの私利私欲も持たなければ、相手と衝突しても厄介なことにはならぬ。胸に一物があるからいざこざが起こる。

男たる者はその虚舟の如くおおらかで、屈託なく、宇宙大に生きるべきである。あれこれと物に束縛されて、まるで牢屋《ろうや》にぶち込まれて、手も足も出ぬ囚人の様になって暮す、そういう暮しは男たるもののなすべきことではない。格子なき牢獄という言葉が終戦後はやったが、自ら格子なき牢獄に捉われておる人間が随分おる。あたら人間、大丈夫と生まれながら、千金の珠《たま》で鳥雀《ちょうじゃく》を弾ずる様なことをすべきではない。土を掘るのに鐲鏤《しょくる》の名剣を使うような馬鹿はいまい。この大事な身体、この大事な自己というものは、つまらぬ問題に無残につかうべきではない。どうも人間はつまらぬ事にこだわり過ぎて、何て馬鹿なことをやってやきもきしているのだ。

ごらんなさい、隣家の老人は虎が出て来るのを心配して、それを防ぐのにきゅうきゅうとしておる。処が或る晩虎がのっそり室に入って来て、その老人の首を嚙み切ってしまった。

それに反して隣りの子供は、虎というものを全く知らぬ。だから虎が入って来ても牛か犬の大きなのくらいに思って、竿をとってしっしっと追い立てると、虎はそのそと去ってしまった。全く無心の致すところである。

これと反対の意味の熟語に黔驢《けんろ》というのがある。昔黔という地に虎が沢山おった。

そこへ驢馬《ろ》が輸入されて来たが、虎というものを見たことがないので、虎の恐ろしさを知らぬ。虎も見たことのないろばをうさん臭くみておった。

そこで何もしなければよかったのに、なまじ虎を蹴ってしまった。そこで何だこんな奴！　とすぐとびかかってがっぷりやってしまった。そこで柄にもない奴が、余計なちょっかいを出すことを黔驢という。まあ、この場合は違いますが、面白い。

馬鹿がおって、或る時のどがつまった。それからというものは飯を食うこともやめてしまった。所謂羹《あつもの》に懲《こ》りて膾《なます》を吹く類である。愚なるものは溺れることを恐れて、溺れまい溺れまいとして却って自分から溺れてしまう。愚かなるもののよくやることです。

人生命に達すれば自らさっぱりと又おおまかになる。徒《いたず》らに誰が言ったとか、言われはせぬかとか、いうようなことをがちゃがちゃ言うておるが、そういうけちくさいことはさらりと捨てて、天を信じ、天にまかせて、虚心坦懐無心になって、自由自在にやってゆけば良いのだ。

ここに来るのには大変ですが、一吟一詠それだけで胸がすっとして、心が大きくなる。飯もうまくなり、人も憎めなくなる。この頃の日本人は何とけちくさいことでしょう。いや、そんなこともサラリと棄てましょう。

古今の大臣

人間と権勢欲

今日は古今の大臣という題でお話をすることになっておりますが、実は、このお話をしたいと思う根柢には、今日の政治家や世の指導者達に対して大きな不安や遺憾の念を持つからであります。

考えてみると、人間にはいろいろと欲望がありますが、その欲望の中で最大最強の欲望は何かと言うと、余り好ましいことではありませぬが、結局名誉・権勢の欲望に外ならぬようであります。

欲望にも金銭の欲望であるとか、娯楽の欲望であるとか、或は異性に対する欲望であるとか限り無くありますが、特に男性は権力・支配の欲望が大きいし、それも才能や知力や成功に恵まれた人々ほど強いのであります。

女性は幸いにしてそれ程強くは持っておりませぬが、しかし誠に立派な内政に富んだ女性でも、一度世々の権勢の舞台に出て、栄光の味を覚えると、これは又男性のあきれる様な強烈深刻なものになるようであります。中国の歴史を眺めても、則天武后だの韋后《いこう》だのという婦人達の権力・支配に対する欲望は、異常と言うか、病的と言うか、実にどうも恐るべきものがあります。

せめて女性だけでもそういう世界から救っておきたい、と古人もしばしば述べておりますが、本当にそういうことを痛感致します。

まあ、そういうことは兎に角として、この権力・支配、これを中心とする政治の世界というものは、今日人民大衆、或は人間の、生活・運命を支配することが最も強大になって参りました。

或る考え方によると人間が進歩すれば自治力が発達して、ために政治機能というものの必要が次第になくなって来る。所謂ルール rule はするが、ガバーン govern はしないと言う。即ちすべての人々が夫々《それぞれ》の本業に精を出して、それを楽しんで、政治などという様なことに余り煩わされずに済むようにならなければ、人間の進歩ではないという考え方であります。

権勢の中心は大臣なり

これは深く考うべき内容のある思想でありますが、しかし今日は全くその反対でありまして、国家も個人もだんだんと政治に支配される程度が強くなって参りました。そうしてこの政治の中心をなすものはなんと言っても政治家、特に大臣であります。

従って猫も杓子も大臣になりたがる。これは保守政党ばかりではありませぬ。革新政党でも同様であって、もう政権を獲得する、大臣になるということは、政治家の又そういう人々につながる家族・友人の、最も熱望するものであります。

ご承知の様に戦後片山内閣が出来ました時に、社会党の内閣でもあり、又あの混沌として荒んでおった時でもありましたから、恐らく大臣などという名称を止めようというに違いない、と多くの人々が予期しておったのでありますが、事実は反対で、二、三内部ではそういう意見もあったようでありますが、いざ自分がなってみると、そういう意見は抹殺されてしまって、みな得々として大臣たるを誇りとしました。

大臣は国民のエリートを代表する

そこでこの大臣でありますが、謂わばこれは政治に於ける国民のエリートを代表するもので、国民生活に多大の関係を持つものであります。従って世の中が乱れれば乱れるほど、大臣は勝れた精神能力を持った人々でなければならない。

アメリカの政治学者・思想家・評論家でジェームス・バーナムという人があります。この人は型の如く共産主義に没頭し、そしてソ連やマルクスの共産主義にあきたらなくなって、良心的に肯定される別の共産主義が出来ぬものか、ということに脳力を傾けた人でありますが、結局あらゆる共産主義に絶望して、これと訣別《けつべつ》せざるを得なかった。その彼が自分の著書『マキャヴェリアンズ』の中でこういうことを論じております。

即ち、理由の如何を問わず、ある社会のもっとも確実な現実の相違は、その社会のエリートの相違である。その社会がどういうエリートを持っているか、そのエリートがどういう実質を持っているかによってきまる。政治学とはこのエリートを如何に組織するかの学問であり、革命とはそのエリートの社会に於ける急激な交代・変化を言うのである。

それはエリートがエリートたるの使命や責任を忘れて、私欲安逸に耽《ふけ》り、その実力を失って、世人の軽蔑や反感をかうに至る時に必ず起こるものである。真の政治的自由とは、このエリートに対する正しい批判、及び反対を行う精神や力を国民が持つことである。

とこういう風に申しておりますが、実に要を得た実際的な考え方であります。

日露戦争当時の大臣・エリートの意識

こういうことを思うにつけても、限りなく聯想《れんそう》が浮んで来るのでありますが、例えば今度の戦争の時と日露戦争の時のエリートを対比して考えると、エリートそのものにも、又それを出した国民にも、本質的に大きな相違があるのであります。日露戦争の時は、兎《と》に角《かく》大臣も将軍も、いな一般の国民だって、みな全身全霊を挙げてこれと取っ組み、私心などというものの介在する余地がなかった。一方は衰えたりと雖も、世界最大の強国の一つであり、日本はまだ渺《びょう》たる東海の小国であるから、自然そうならざるを得ないではないか、と言ってしまえばそれまでだが、必ずしもそればかりではなかったと思うのであります。

勝ち戦さとは言っても、ロシアにしてみれば足の先に噛みつかれたくらいのものであります。処が日本は、もう奉天《ほうてん》に迫る頃には武器弾薬、その他補給の困難は事実上戦力の底をつくところまで追い込まれていた。勝利を続けておる間に一日もはやく賢明な結末をつけなければならない。

参謀長の児玉源太郎将軍の如きはこの成行きを心配して、あらゆる手段をつくして或は歎願《たんがん》し、或は威嚇して、政府にこれが善処を迫ったのであります。そうして全力を挙げて戦った将軍はすべてを捧《ささ》げつくしたか、戦争の後は殆ど虚脱してしまったということです。

これはなにも児玉将軍だけには限りませぬ。政治家達もみなそうであります。先達ても和歌山で話したのでありますが、同県の出身に岡崎邦輔という政友会の耆宿《きしゅく》がおります。

当時の政府から言えば政友会は野党でありますが、その野党の領袖《りょうしゅう》の岡崎さんがやっぱり戦局を憂えて首相を訪ね、政府の苦衷《くちゅう》は察するに余りがある。早くどの辺かで結末をつけなければならぬが、恐らく国民の満足を得るわけにはゆくまい。従って今のうちからそれとなく国民にその心構えをさせておかなければならない。われわれも全力を挙げて協力するから、政府も遠慮を捨てて、忌憚なく真実を言ってくれ、とまあこの様に誠心誠意を傾けて政府に忠言を致しております。

第二次大戦と各国のエリート達

こういう賢明な為政者が今度の大戦を通じてありませんでした。若しそれが幾人も要路にあったならば、戦争の結末も余程変っておっただろうと思うのであります。

つい数日前も久しく通信のなかった友人から手紙が来ました。この人はソ連の歴史哲学に深い認識を持った、所謂ソ連通と言われる人でありますが、その手紙を読みながらいろいろと当時の事を連想すると、あの例のミュヘン会談にしても、英仏があれだけの兵力を持っておったのであるから、もう少しチェンバレンやダラディエが、大胆な決意 violent decision を表現して、ヒットラーに譲歩しなかったならば、或は却って戦争を回避することが出来たかも知れぬし、よし戦争になったにしても、その様相が余程異っておったに違いなかろうと思う、とチャーチルも言っておるのであります。

又ヒットラーの方にしても、ドイツ軍がポーランドから転じてソ連に進撃を敢てした時に、歴史の実際の報ずるところは、もうソ連の民衆はスターリンの共産主義政権に骨の髄までこりておったのであります。農民はおろか赤軍までが、東洋的な表現で申せば、それこそ争うて箪食壺漿《たんしこしょう》してこれを迎えたでありましょう。

しかし残念なことにナチスの軍隊には、そういう民衆を慰撫優遇《いぶゆうぐう》してゆく精神的訓練が出来ておらなかった。その上昔からドイツ民族とスラブ民族は非常に仲が悪い。そういう民族感情もあって、折角歓迎し投降して来たソ連の農民や軍隊を無慙《むざん》に取扱った。

そこでこんな目に合わされるのならば祖国のために斗《たたか》おう、という気になってみんな参戦したのであります。又スターリンも、平素のマルクス主義もレーニン主義もふっとばして、国民よ祖国のために斗え、と今まで最も唾棄《だき》しておったピョートル大帝やイワン三世まで、これを民族の英雄として大々的に宣伝し、国民を鞭撻《べんたつ》したのであります。

エリート・大臣たるの条件

そうなって来ると、これは精神の問題、訓練の問題であります。これはドイツについて申したのですが、その点になると日本も余り偉そうなことは言えない。日清戦争や義和団事件の時は、日本の軍隊は天兵と言われて尊敬され歓迎されたのでありますが、日露戦争になるともう大分質が悪くなっておりますしかしそれでもまだ天兵の面影が残っておった。だが今度の戦争になると、面影どころか、遺憾ながら甚だ堕落しておりました。大いに反省しなければならない問題であります。

そこで、こういう一国の国政を担う、人民大衆を指導する立場にある人々は、ただ単に知的なだけの、技術的なだけの、或は功利的なだけの人間では駄目で、どうしてもそれだけの条件が必要であります。

この条件をととのえておる勝れた指導者・大臣に恵まれれば、その国は必ず興るし、その民族は必ず栄える。それがなくなればその国は衰え、或はやぶれる。これは国だけではありませぬ、一家でも一事業でも同じことであります。

近頃例の小説から徳川家康が有名になり、到る処で信長だの秀吉だの家康だのが論じられておりますが、確かに信長は革命的な英雄天才で、秀吉も亦《また》別の意味に於て英雄天才でありました。然しこの二人に共通して言える事は、共に教えがなかったという事であります。そこへゆくと家康は賢明で、ちゃんと教えというものを立てておりました。
又、早く非命に終った信長は別として、秀吉と家康とを較べた場合、家康の方ははるかに人物に、エリート・宰相に恵まれておった。その点秀吉は不幸であり、不運であります。

秀吉と言えば、真っ先に考えられる竹中半兵衛重治にしても、この人は病弱で、陣中《じんちゅう》病臥《びょうが》しておるだけでも重しがきいたといわれるくらいの人物でありますが、確か三十四才で亡くなっております。又その次に考えられる堀秀政にしても三十六才で世を去り、スケールの大きかった蒲生氏郷《がもううじさと》も、小早川隆景も共に秀吉に先んじております。

これに較べて家康の方は、土井利勝だとか、板倉勝重だとか、或は榊原康政・本多忠勝といった名将名宰相に恵まれ、それが家康を擁して最後まで尽瘁《じんすい》しておるのであります。

国家の興廃・栄枯盛衰というものは全くエリートによってきまる、大臣によって決すると申して宜しい。今の日本にも政府・政党のエリートにこういう意味の人材があれば、少しも次代を心配する必要はない。従ってこれを如何に組織するかということの前に、如何に養成するかということが、民族の運命という点から言って、もっとも重大なことであります。

大臣に六等級あり

処がこの大臣について、支那の呂新吾という人がその著『呻吟語』にくわしく説いてくれております。これは陽明学派に属する人で、明末の学者として、又政治家として傑出した人であります。

簡単に要約してご紹介しますと、先ず大臣の第一等の人物は、

第一、寛厚深沈《かんこうしんちん》、遠識兼照《えんしきけんしょう》、福を無形に造し、禍を未然に消し、智名勇功無くして、天下陰に其の賜を受く。

全く私というものがなく、作為というものがない。丁度人間が日光に浴し、空気を吸い、水を飲みながらそれを意識しない、と同じ様に福を形無きになし、禍の未だ実現しない中に消す。別段頭が良いとか、偉い勇気のある人だとか、という様な評判だの手柄だのの形がなくって、知らず識らずの中に人民がその賜を受ける。存在があるのやらないのやら分からぬ様な存在であって、しかも人民が無事でおられる。こういう大臣が第一等の人物である。

全くその通りでありますが、こんな人は容易に得られそうもない。

そこで次は、

第二、剛明《ごうめい》・事に任じ、慷慨《こうがい》敢《あえ》て言ひ、国を愛すること家の如く、時を憂ふること病の如くにして、太《はなは》だ鋒芒《ほうぼう》を露《あらわ》すことを免れず。得失相半す。

いかにもしっかりしておって、てきぱきと問題に取組んでゆく。そうして剛直・

直言・真っ直ぐに堂々と本当のことが議論出来る。従ってやや叡知や気概が露出して、時に物論を招いたり、反撥・抵抗を招いたりする。然し如何なる反撥や抵抗があろうとも、敢然として主張すべきは主張し、やるべきはやってのける。これが第二等の大臣である。今日欲しいのはこういう大臣であります。

第三、安静・時を逐《お》ひ、動《やや》もすれば故事に循《したが》うて、利も興す能はず、害も除く能はず。

これはひたすら事勿《なか》れ主義という類で、悪は勿論やらぬが、さりとて善も進んで行わぬ。安全第一主義であります。これは余り面白くないけれども、安全なことは確かに安全であります。

処がこれがもう一段落ちると、

第四、禄を持し、望を養ひ、身を保ち、寵《ちょう》を固め、国家の安危も略懐《ほぼこころ》に介せず。

格別私利私欲をほしいままにして悪いことをするというのではない。兎に角滅多な失敗がないように、警戒神経も発達して、そうして自分の地位・身分・俸禄というようなものを失わぬようにこれにつとめる。口では兎に角、心の中では天下の安危や民衆の利害・休戚《きゅうせき》などということは少しも考えない。

要するに自分さえ良ければ良いという人物であります。世の中に万一の事があってはいけない、天下を騒がせてはいけない、というような意味の心配をしていないというのではないが、それよりも自分の方が大事であります。

「天下の安危も略懐《ほぼこころ》に介せず」——口では天下だの人民だのと言うけれども、実際は自分の地位を守るのに精一杯。今日も沢山おります。しかしこういう大臣は、自分さえ良ければよいというところは情ないが、それだけに進んで悪いことをしない。

さて次は

第五、功を貪《むさぼ》り、衅《きん》（ちぬる、あらそひ）を啓《ひら》き、寵を怙《たの》み、威を張り、是に愎《もど》り、情に任せ、国政を撓《とう》乱す。

権勢に乗じて大いに野心を逞《たくま》くし、自分に組みする人間を用いて、そうでない人間は排斥する。我欲・私心が積極的になり、公を無視して憚《はばか》らない。この最も甚しいものが、

第六、奸険《かんけん》・凶淫《きょういん》・煽虐《せんぎゃく》・肆毒《しどく》、善類《ぜんるい》を賊傷《ぞくしょう》し、君心を蠱惑《こわく》し、国家の命脈を断じ、四海の人望を失ふ。

野望を恣《ほしいまま》にして、進んで天下に動乱を起こすという破壊的悪魔的な人間、これが最下等の大臣であります。

大衆化する程エリートが必要である

大臣には以上六等の種類がある。これはどうもいつの時代にも存在し、従っていつの時代にも適用されることのように思われる。第一等の大臣はしばらく措《お》いて、少くとも第二等くらいの人物が、大臣・エリートでなければ、今日の日本の運命は甚だ心もとないのであります。

粗暴な人の中には、現代は大衆の時代である、大衆の社会である。もうエリートだの英雄だの偉人だのは要らない。コモン・マンであれば良い、平凡が良いんだ。という様な考え方・議論がめずらしくありませぬ。しかしこれは観念の遊戯であり、或は場合によっては、意気地のない人間の自慰に過ぎない。

実際に於ても、又思想学問上からもその逆のことが結論されております。寧《むし》ろ世の中が大衆化すればする程、その大衆のためにエリートが必要である。必要なばかりでなく、益々エリートが出て来る。

なんとなれば大衆というものは政治性・政治能力というものを持たない。大衆はその場その場、その日その日の自分の生活そのものに生きておる。他人や全体との関係、或は十年百年先の問題等に対する感覚もなければ思想もない。だから大衆をそのままに放任しおけば、その社会は大衆心理というものによって動物的になるばかりでなく、あらゆる斗争・破壊・頽廃の中に落ち込んでしまう。

その大衆のために秩序を立て、規律を作って、大衆を混乱や破滅から救い、新しい価値・光明のある人間社会を建設してゆく、そういうエリートがなければならない。又必ず出て来なければ大へんなことになる。

この意味に於て本当の民主主義というものは、イタリーの有名なマッチーニの言った如く、一人一階級の進歩ではない、すべての進歩である。progress of all であるしかも、through all すべてを通ずる進歩である。東洋流に言えば野《や》に遺賢《いけん》なからしむることであります。

尚その上に、under the leading of the best and wisest 最も善良で最も賢明な人

間の指導の下に於ける進歩でなければならない。賢明と頭が良いということとは違う。knowledge の上に叡知 wisdom がなければならぬ。最も善良で最も賢明な人間を人民の中から出して、その指導の下に全般の進歩を計ってゆく。

しかしこれが難しい。エリートやヒーローが出て来るから大衆が迷惑する、というのはこれはアンビシャス・マンと本当のエリートとを混同した議論であります。実際は、世の中が大衆化すればする程エリートを必要とする。

今の日本は不幸にしてあらゆる面で頽廃的危険を露呈しております。こういう時勢であるから自然に何処からともなく国造りというような事が言われる。こういう言葉が流行るという事は、時代の悲劇でありますが、その由って来るところは明白であります。つまりエリートが出て、こういう乱雑・低級な状態に秩序や規律を与えなければ、日本は保たぬという、これは自らなる要請であります。

先づエリートをつくらねばならぬ

ではそういうエリートを如何につくり、又これを如何に組織するか。こういう選挙では、本当のエリートは今の政治界に組織する事は出来ませぬ。又こういう国民教育では本当の人物は出て来ない。教育も思い切って改めねばならぬ。

そのために如何なる反対や圧迫があろうとも、それこそ第二等の大臣の如く、剛明・事に任じ、慷慨《こうがい》敢て言う、時には鋒芒《ほうぼう》（注・鋭い議論や気性）を露し過ぎても構わない。びしびしと事を処理出来る人によって、改革して貰わなければならない。

又憲法の如きもそうであります。占領軍から強要された、国民として殆ど屈辱に耐えぬような憲法を、後生大事に守っておるということは、精神的のみならず、事実の上から言っても今日の国民生活に合うわけがありませぬ。

その他問題は無限にあります。これをどんどん正してゆかなければ如何なる事態に陥らぬとも限りませぬ。そういう時に、レジャーだのバカンスだの、という言葉が社会を代表しておるようなことでは駄目であります。日本人の深省奮発せねばならぬ重大時局であります。

人造りと国造り

この言葉は何故流行するか

最近盛んにあちらこちらで人造り・国造りということが論議されておりますが、しかし本当を言えば余り洗練された言葉とは言い難いのであります。殊にわが日本は長い歴史と文化を持った光栄ある国家でありますから、アジア・アフリカ等の新興国家と違う。従って今更国造りなどということ自体おかしいのです。

人造りという言葉にしても、なんだか大根作りか菜っ葉作りを連想して、決して調子の高い言葉とは言えないと思います。しかし、たまたまこれを言い始めたのが池田総理であったし、言葉そのものが誰にもわかる民衆的用語であったために、忽《たちま》ち流行語になってしまったわけであります。

その上、どうも今まで余りにも国とか人とかいうことを無視し過ぎて来ました。特に終戦後は無視するどころか、甚だ歪曲《わいきょく》して参っておるのでありまして、従来の人間というものをただもう唯物的に解釈して、人間の品位とか、権威とか、使命とか、責任とか、いうようなことを全く没却してしまいました。

従ってそういうことに対する自からなる反省と申しますか、良心の不満が意識的・無意識的に発してこの言葉に対する共鳴になっておると思うのであります。国家についてもそうであります。国家に必要な規律も、権威も、はた法律までも、一切無視して憚《はばか》らない。日本無責任時代・日本無法時代です。これでは国家が持たないのでありまして、或る時期が来たならば、当然これに対する反省や是正が行われなければならぬのであります。

社会学的に申しますと、戦後の頽廃が自から極まるにつれて、これではならぬという国民的良心が、この人造り・国造りに共鳴させる結果になった、と解釈すべきであろうと思います。

自分自身を造ることが先決問題

さて、先づ人造りということについて一番大事なことは、人間が物質や機械を操縦するように他人を取扱う、ということではなくて、自分自身を造るということであります。これを忘れて如何に人造りを論じても、それは単なる空論に過ぎない。

政治家が人造りを言う場合には、先づその政治家が自分を立派な政治家に造り上げなければならない。自分を棚に上げて人造りを言ったところで、決して人は共鳴しないし、むしろ反感を持つでありましょう。教育家でもその通りであります。いくら学生・生徒に人造りを説いたところで、教育者自身が出来ておらなければ、却って学生・生徒は反撥するでしょう。

そこで更に徹底して、人造りというその「人」とは一体何か、ということになるわけであります。これについては今まで幾度も申し上げたことでありますが、例えば人間というものは、体力・精神力を含めてエネルギーが旺盛でなければならん。そこから志というものが立たなければならん。従って理想精神・理想に対する情熱、これに関連する見識・器量、或はいろいろの造詣《ぞうけい》・教養・信念・風格、そういったものの内容を分析・解明して、人物とはなんぞやというようなお話を申し上げたこともあります。

又これに関連して、人間には四つの要素がある。

第一は人間としての本質的内容とも言うべき、徳性というもの。

第二は附属的性質・属性とも言うべきもので、その代表的なものが知性・知能であり、技術・技能である。

その次に人間の重大な内容をなすものに習慣、或は躾というものがある。人生は習慣の織物なりと言われるくらい、習慣は人間の価値や成績を決定する上に大きな影響を与える。

そういうものが相待って人間というものを作り上げる。そういうようなお話を致したこともあります。

人間には初・中・老の三つの期がある

そこで今日はこれに関連して、観点を人間の一生・生涯というものに移して、それから人造り、人間、その根本の自分を造る、自分の子供を造ってゆく、更には自分の手の及ぶ人達を導いてゆく、そういうことの基準・法則になる点をお話し申し上げたいと存じます。

この人生論・人間の生涯といった問題については、やはり人間の一生を三期に分けて考えることが便利なようであります。三期とは即ち初年期、中年期、晩年期でありまます。これは人間にはつきもので、好むと好まざるとに拘《かか》わらず、必ず推移し、経過するものであります。

『論語』の言葉をかりて申しますと、「吾れ十有五にして学に志し、三十にして立つ」、その三十迄が人生の初年期であります。それから「四十にして惑わず、五十にして命を知る」、という五十くらい迄が中年期。更に「六十にして耳順し、七十にして心の欲するところに随って矩《のり》を踰《こ》えず」、という五十以後が先づ晩年であります。

これは孔子が自分自身について述べたものではありますが、誰にでもあてはまる言葉であって、人は誰でもその人相応に、十有五にして学に志し、三十にして立つのであります。立つということは、自分の精神・生活の場を一定することで、人間、どんな性格・どんな境遇のものでも、先づ年の三十にもなれば、なにかにならなければ、或はなにかをしなければ、納まらなくなる。

ここで中年期にはいるわけであって、即ち立つのであります。そうしてその人相応に物を考え、経験し、いろいろの修練を受けて、四十にして惑わず、五十にして命を知る。自分という人間はまあこういうものだという解決に到達する。その後の六十・七十が晩年期であります。

胎教に始まる人間教育

先づ初年期の少・青年時代でありますが、この期の特徴は那辺《なへん》にあるか。これについては医学・教育学・倫理学・宗教学・社会学、その他近頃では少・青年の犯罪学まで飛び出して、色々研究・解明を致しております。

この結果、今日の少・青年というものはどういうものであり、如何に為すべきであり、又如何に教うべきものであるかということがだんだん詳しくなり、少年時代よりも児童時代、児童時代よりも幼児の時代、更には胎児の問題というところまで徹底して参りました。

いつかもお話ししたことがありますが、今日自然科学・精神科学を通じて最も多大の興味と関心が払われながら、最も解決されておらないものに、ネオテニーというものがあります。即ち胎児に関する研究でありますが、これこそ人類にとって一番重要な根本問題であるとされております。

生物の発生・進化の系統を木の姿で表わしますが、例えば、単細胞動物のようなものからだんだん高等動物に発達する。それは一直線に発達するものではなくて、丁度樹木の幹から枝葉が分かれるのと同じように分かれて、一つの大きな体系を成しておるわけであります。

その延びた一つの分岐点に高等猿類が発生し、それが分かれて類人猿、更に分かれて文明民族が発生する。この分かれて来る分岐点を見ると、高等猿類にはオラン・ウータン、チンパンジー等がありますが、人間も或る時期にここから分かれて発達して参ったわけであります。

処が原始人と高等猿類はその特質に於て似ておるか、というとむしろ似ていない。然し発達した猿の胎児と原始人の特質が常によく一致するというのであります。だから永遠の生物進化・人類発展の真理を探求すると、或る個人の偉大なる発達よりも――勿論それも自体尊いことでありますが――永遠的には胎児の方がより大事になって来るのであります。

そこで昔から言うところの胎教というものが如何に大事であるか、今更ながら痛感するのであります。その意味から考えても、胎児をつくるものは婦人でありますから、妻となり、母となるべき女子教育が特に考慮されなければならない。男子と同等に軽々しく教育さるべきものでは決してないのであります。

男女共学にしても、そう簡単に賛同することが出来ない。最近では男女共学をはやくからやっておるアメリカあたりでも、この制度はよくないという意見が実際は強いのですが、明からさまに言わぬのです。

初年期は鍛錬と躾の時代

兎に角胎児というものは大事でありますが、幼児でも同じことが言えるのでありま す。従来の教育・学問は全く成人を主たる内容として、幼児は文字通り幼稚であって、その対象として取り扱われておりませんでしたが、然し最近の心理学・社会学・医学・教育学等色々の学問研究が、幼児は神秘的能力を持つ重大なものであることを次第に解明する様になって参りました。

例えばわれわれの脳でありますが、肉体の他の部分と違って、生涯に必要な数量の脳細胞を完全に備えてあると、大人の八十パーセント活動するという事でありま す。又性格の基本というものは已《すで》に五、六歳に於て形成され、知能や技能の基本的なものも、殆ど五、六歳から十二、三歳位までの間に著しく発展活動する。又親の言語・態度・感情が微妙に幼児に感染するのであります。

年をとって出て来る病気も、片言を言ってよちよち歩きをする頃から、五、六歳頃迄の間に大体原因がつくられるという。こういうことも医学的に解明される様になって参りました。

そこで人造りの先づ第一条件として大事なことは、胎児までは仕方がないとしても、せめて幼児の時から、心掛けなければならぬということであります。

小学校から中学校へかけての年齢は、先程も申しましたように人間の本質であるところの徳性や、属性であるところの知性・知能・技能・習慣というようなものの、本当に基礎的なものが培養される大事な時期であります。

大体中学校を終わる頃、即ち義務教育を終わる頃にその人間の個性品格・躾、及びその人の知識的・技能的能力、そういうものの基本がちゃんと出来上がる。それが専門学校、大学教育でいろいろ修正・修飾されて、ほぼ人間としての一応の完成をすることになるわけであります。

従って人造りの次の重大な問題は、国民教育、特に小・中学校の義務教育を如何にして欠陥のないものに、憾《うら》みのないものにするかということになって参ります。

この時期に於ては、言うまでもなく徳性を涵養することを本体として、その上に基本的な知識・技術の教育を授ける。これを忘れて無暗《むやみ》に功利的な知識教育・技術教育・職業教育を手っとり早くやることは、誠に危い、片輪の人間を造るということになります。

専門の学校でどんどん知識・技術を勉強させようと思えば思うほど、小・中学校の義務教育期間に於ける人間教育・道徳教育を厳しくする必要がある。良い習慣を身につけさせる、所謂しつけるということに重点をおいてやらなければならないのであります。

これを青少年の側から申しますと、この時期は専ら自己を充実・修養する時であります。これは小・中学校に限らず大学でも同じことで、学生・生徒の時代は自己の充実・修養・学問に主眼を置くべきで、社会運動とか、色々の娯楽とか、娯楽のための運動とか、いうようなものに精力を傾けるべきではない。

この頃はなんでも青年青年と言って、大人が青年に媚《こ》び過ぎる。親も先生も余り青年を甘やかし過ぎる。又青年・学生自身ももっともっと自己の修養・充実に全力をあげなければならない。

そうして初めて世の中に出て役に立つ人間になるのであります。

近代的、必ずしも正しからず

この時期に鍛錬し修養しなければ、第二期即ち中年期にはいると、忽《たちま》ち反応が現われる。先づ結婚生活即ち家庭生活、それから職業生活、それを中心とした社会生活等の面に於て、忽ち悔いなければならぬことが起こって参ります。

この期に於ける重大問題は、第一に、家庭生活をいかに営むかということであります。家庭生活についての考え方も、今日いろいろの学問から随分修正されて来ております。

むしろ近代的ということ自体間違っておるのであって、例えば婦人の服装でありますが、従来の和服を着て、きちんと帯を締めるなどという事は非衛生的で、非科学的で、およそ封建的な服装だという考え方が今日常識となっております。然し科学的方面から、あの帯・帯紐を正しく作法通り締めるということが、婦人の生理に、従って心理に、有効であることが実証される様になりました。事実この頃の安易な風は、妊娠や分娩にいろいろ悪影響が現われて来ておるのであります。分娩に苦痛が多くなり、難産が多くなって参りました。

これを救うために睡眠剤であるとか、興奮剤であるとか、或は無痛分娩と言って投薬したり、注射をしたり、いろいろな方法が行われております。処がその結果はどうなったか、婦人の神経衰弱・畸形児の分娩、その他いろいろの肉体的・生理的欠陥が激増して参りました。

又近頃の婦人は、男もそうでありますが、余り坐らなくなりました。そのために婦人の足が伸びて美しくなり、体格も良くなったと言われて来たのでありますが、これも医学的に反対のことが立証される様になりました。

中・老年期と職業

それはさて措《お》き、吾々は先づ自分の家庭生活を正しく営まなければならぬと同時に、職業生活・社会生活を立派にやってゆかなければならない。職業人として、いかなる心掛・修養・修練が必要であるか、これは今までにもいろいろとお話し申上げましたが、就中《なかんずく》大切なことは職業というものの意義・使命であります。

昔から職業に貴賤なしと申します。成る程職業というものは如何なる職業であれ、それによってそれぞれ社会生活の機能を果しておるという点に於ては、なんの貴賤もないのであります。しかしだからと言って、職業が内容・価値まで同一であるとは決して言えないのであります。

具体的・個別的内容にはいれば天地の差違がある。即ち厳として貴賤がある。これは職業に二つの意義があるからであります。

一つは、人間はその職業を通じて生活する。つまりそれによって生きてゆく上に必要な収入、所謂生活費を得るのでありまして、これは誰にもわかる職業の第一の意味であります。

しかし職業というものは単にそれだけのものではない。それを通じて世のため、人のために役立ってゆくという意義があるのであります。従って世のため人のために役立つ意義・効果の偉大なるものほど、それは貴い職業であって、若しそういう意味に於ける内容がなにもないとすれば、如何に生活が豊かに出来ても、これは賤しい職業と言わねばならんのであります。

と同時にそれに従事するのは人間であります。如何に貴い職業でも人によって賤しくなる。たとえ賤しい職業でも、人によっていくらでも貴くすることが出来る。従って貴賤は職業にあるのみならず、それは又人間にもあるということでありま す。

そこで中年に大事なことは、家庭生活と同時に社会生活、言い換れば職業生活を単に収入の手段としてだけではなく、世のため人のためになる貴い職業にすべく努力しなければならんのであります。そうして一方に於ては先祖の後を受けて、国家のために意義あり、役立つような立派な子孫をつくってゆく、これが必要であります。

さて、晩年でありますが、人の晩年は命を知って自得すること、感恩報謝の生活をすることなどが肝腎であります。これを基準として、今の国民社会・日本の現状を観察すると、どこが間違っておるか、ということが直ぐわかる。これがわかって初めて人造りということが言えるわけであります。

国造り

人造りがわかれば、国造りということも自《おのず》からはっきり致します。

国造りという事に一番大事なことは、国家というものを正しく理解することであります。その点に於て今日の国家に関する思想・学問は、不幸にして間違っております。特にこれに重大な関連をもつ大学に於て、実に間違った学問や講義が平然と行われている。

一体国家というものは、或る種の、特別に戦後でっち上げられたような国家は別問題として、自然に存在し発達して来た国家は、これは山川草木と同様自然の産物であります。一つの自然世界・自然社会であります。長い間人間が共同してそこに生活し、利害を共通し、そこに共通の言語を生み、共通の生活の中からいろいろ共通の文化を作って、そうしてその土地・人間・生活、その歴史、そういうものが相待って出来上がって来たのが国家というものであります。

処が国家をそういう自然社会と見る久しい間の見地に対して、人民が色々の利害関係から相集まって、法律というようなものを作り、約束して、契約して出来た、つまり構成社会である、という様な考え方が十九世紀以来西洋に於て力を得て参りました。

これは国家を団体や会社と同様に考えるもので、言い換えれば多元的国家論というものであります。これに対して一方の自然社会と見るのは一元的国家論であります。

多元的国家論は、マルクスやエンゲルスが出るに至って更に複雑悪質に解釈し、国家は少数の支配階級・特権階級が無力な大衆を搾取《さくしゅ》する権力組織である、という様な思想・感情が強くなって参りました。これが徹底すると無政府主義にもなる。こういう間違った考え方が今日誠に多いのでありますが、政府や政治家は、或は政治学者や社会思想家は、この間違った国家観を是正して、正しい国家観を培養しなければならないのであります。

四維—国維

そこで少くとも国家を維持存続してゆくためには四つの原則を必要とする。これは東洋政治学の上で昔から言われておることでありますが、『管子』に「四維《しい》」「国《こく》維《い》」ということが論じられております。四つの大きな綱、大綱であります。

一つは礼というもの、今日の言葉で言えば、正しい秩序・美しい調和であります。われわれの肉体でも、いろいろの諸器官がそれぞれ秩序を保ち調和して、はじめてそこに健康というものがあり、肉体というものが存在することが出来る。同様に国家も、政府、その他いろいろのこれを構成する機関・機構が正しい秩序と調和を保って、その機能が円滑に遂行されなければならない。

　これが礼というもので、この礼を営むものが先程申しましたような意義・使命をそれぞれ果してゆく義であります。これを無視して、利己的に放縦に活動するのが不義というもので、利と義はここで違って来るのであります。

　そこで利というものは、これは利己、私であるが、礼や義というものは、常に全体を予想するわけで、これは公であります。これを遂行してゆく場合に人間は必ず廉、無私になる。

　従ってそういう精神に立てば、利己的な公に背くような精神・行動に対してよく恥づる、所謂恥を知るのであります。

国家を維持する為には、この礼・義・廉・恥の四つの徳がどうしてもなければならん。これを国の四維と申します。これを失うと、必ず国は動揺し、混乱し、頽廃し、時には滅亡する。

日支時変の始まる前に、蔣介石総統はこの礼・義・廉・恥の四つを原理とする民族革新運動を新生活運動と名づけて、猛然と全国民に展開したことがあります。これは相当大きな効果をあげ、若し日本軍の攻撃がもう少し遅かったならば、或は支那事変の様相も変わっておったでありましょう。

日本でも後れて新生活運動というものが始まりましたが、残念ながらこれはそういう国家的内容のある運動ではなくて、禁酒とか、禁煙とか、台所の改善とか、婚礼の利便と言った個人生活を内容とするもので、横着な人間はこれを馬鹿にするということになってしまいました。

然し最近になって政府も国造りのために大きな予算を割いて、国民生活をそういうところへ持ってゆくために、本腰を入れて新生活運動を展開し始めました。だがこういうものは、内閣及び官公衛等のあらゆる公的立場にあるものから先づ徹底してやらなければならない。

国造りに一番大事なことは、この礼・義・廉、恥といった公共精神を—ご承知のリップマンはパブリック・スピリットと申しておりますが、これを先づ政府や与党、政党・官公衛・公共団体に実践させることであります。

さて、それではこういう公共精神を実践するためにはどういう政策を行えば良いか。もっとも手っ取り早い具体的方法は選挙でありましょう。これを如何に礼・義・廉・恥を以てやるか、公明正大にやるか。選挙公営をもっともっと徹底し、そして何としても先づ小選挙区制を実施しなければならない。勿論小選挙区制にも弊害はありますが、それはその時に臨んで是正してゆけば宜しい。

その次には憲法の改正であります。兎に角あの占領時代の歪曲された恥づべき憲法を是正して、もっと権威のある、国民の自由意志に基づく自主憲法を作らなければならない。

その他いくらでも政策は出て来ます。しかしその根本はやはりこういう精神原則を明らかにすることであります。これを忘れて、ただなんとなく国造り・人造りということで多額の予算をとって、いろいろと具体的政策を打ち立てたところで、これは予算を乱費するだけのことに過ぎない。これが人造りということになれば、それこそ観念の遊戯《ゆうぎ》に堕してしまう。国造り・人造りの本質的問題は、結局こういう精神的原理・原則を明確に打ち立て、そこから誤りなき具体策を実践してゆく外に道はないのであります。

あとがき

安岡正篤師を中心とした多くの方々の止むことなき学びの心と、その系譜につながる方々のご厚意とご協力が結晶した一書を、大きな喜びと誇りを持ってお届けいたします。

本書のそもそもはまだ戦後の混乱が収まらない昭和二十六年に遡ります。

安岡師を慕う若き同志が集い、師にご講義を求めたのが始まりです。安岡師は快諾され、時局時流にとらわれていては皮相に流れて身につくものがない、目下の様相にいたずらに焦燥することなく、自己の安心立命を求める真の学問に徹するのが先決であるとされ、そのためには古聖先賢に学んで自己の良知を煥発《かんぱつ》するに如《し》くはない、とご講義の方向を明示されました。

かくて、安岡師自らの命名による「先哲講座」が大阪で開講されたのです。

「先哲講座」の内容は、その開講第百回を記念して『活学』第一編が、関西師友協会設立十五周年を記念して『活学』第二編が、さらに協会設立二十五周年を記念して『活学』第三編が、順次発行されました。

『活学』第一編の後記に「先哲講座の回顧」（伊與田覺氏筆）と題する一文がありますが、その中に「当時物心両面の世話人として盟約を固めた同志は道心堅固な青年（二十四歳〜三十四歳）十名であった」と記されています。その十名の青年たちの志と情熱が『活学』シリーズとなって結実したのです。この十人の青年たちの純一無雑な思いがなければ、この本はこの世に誕生していません。その無償の努力を心から尊く思います。

本書は『活学』シリーズの第一編と第二編から、現代に生きるわれわれにもダイレクトに響いてくる十篇を精選し、『活学講座——学問は人間を変える』としてまとめさせていただきました。

刊行に際しては多くの方々からご理解とご協力を賜りました。安岡師ご次男の安岡正泰様からは「まえがき」を、さらに郷学研修所の荒井桂所長からは、内容の深い理解を助けるための解説と注釈をいただきました。また、関西師友協会の小原事務局長、松並編集長からも温情をいただきました。
ここに心よりお礼を述べさせていただきます。

本『活学講座』の原本となる『活学』三編は真摯な同人、三木雲外氏が一貫してまとめた筆録を、安岡師がすべてご懇切に目を通されたものです。一念発起の当時の十八人の青年諸氏と共に深甚なる感謝を捧げさせていただきます。
かつて安岡師と道心堅固な同志が「先哲講座」に集い、教える者と学ぶ者が一体となった学びの熱さが、本書を介して現代にほとばしることを願わずにはいられません。

平成二十二年盛夏

株式会社致知出版社
代表取締役　藤尾　秀昭

＊本書は関西師友協会より刊行された『活学』（昭和四十年発行）『活学　第二編』（昭和四十七年発行）から十編を収録、再編集したものです。
＊本文中の「大意」「解説」は財団法人郷学研修所・安岡正篤記念館副理事長兼所長の荒井桂氏によるものです。

著者略歴
安岡正篤（やすおか・まさひろ）
明治31年大阪市生まれ。大正11年東京帝国大学法学部政治学科卒業。昭和２年㈶金雞学院、６年日本農士学校を設立、東洋思想の研究と後進の育成に努める。戦後、24年師友会を設立、政財界のリーダーの啓発・教化に努め、その精神的支柱となる。その教えは人物学を中心として、今日なお日本の進むべき方向を示している。58年12月死去。
著書に『日本精神の研究』『いかに生くべきか――東洋倫理概論』『王道の研究――東洋政治哲学』『人生、道を求め徳を愛する生き方――日本精神通義』『経世瑣言』『安岡正篤人生信條』ほか。講義・講演録に『人物を修める』『易と人生哲学』『佐藤一斎「重職心得箇条」を読む』『青年の大成』などがある（いずれも致知出版社刊）。

活学講座
学問は人間を変える

平成二十二年八月十五日第一刷発行

著者　安岡　正篤
発行者　藤尾　秀昭
発行所　致知出版社
〒150-0001東京都渋谷区神宮前四の二十四の九
TEL（〇三）三七九六―二一一一
印刷・製本　中央精版印刷
落丁・乱丁はお取替え致します。　（検印廃止）

ISBN978-4-88474-897-5 C0095
ホームページ http://www.chichi.co.jp
Eメール books@chichi.co.jp